Wolfgang Gädeke

»Viel mehr als nur die Antwort auf meine Frage«

Wolfgang Gädeke

»Viel mehr als nur die Antwort auf meine Frage«

Rudolf Steiner als Seelsorger

Verlag Urachhaus

ISBN 978-3-8251-7956-4

2. Auflage 2017
Erschienen im Verlag Urachhaus
www.urachhaus.com

Umschlagbild: Otto Huschke, Porträt von Rudolf Steiner, 1906

Umschlaggestaltung: Ursula Weismann
Gesamtherstellung: CPI books GmbH, Leck

Inhaltsverzeichnis

»Vielleicht ist niemand in der Gegenwart
in höherem Maße und in weiterem Umkreise
als Seelenarzt tätig als Steiner.«

Christian Geyer, 1921
Aus: Vom Lebenswerk Rudolf Steiners

Vorwort

Das Wirken Rudolf Steiners ist in Bezug auf seine Vielfältigkeit und seinen Umfang kaum zu begreifen. Unabhängig davon, ob man mit seiner Anthroposophie etwas anfangen kann oder nicht, kann seine Tätigkeit als Schriftsteller, als Vortragsredner, als Künstler schon wegen seiner fachlichen Vielfalt und Breite, die allein in der Gesamtausgabe seines Werkes in mehr als 300 Bänden zum Ausdruck kommt, zunächst Respekt und Achtung beanspruchen. Was in diesen Bänden bisher gar nicht oder wenig in Erscheinung getreten ist, ist die mehr verborgene Seite seines Wirkens als Denker und Forscher, als Leser von Büchern und Briefeschreiber, als Leiter von Versammlungen und Konferenzen und vor allen Dingen: als Partner in persönlichen Gesprächen.

Dieser Bereich des persönlichen Gespräches soll mit dem vorliegenden Band ein wenig aus der Verborgenheit herausgehoben werden. Da Rudolf Steiner über seine persönlichen Gespräche mit einzelnen Menschen weder Buch geführt noch zusammenhängend gesprochen hat, sind wir auf die Darstellungen angewiesen, die seine Gesprächspartner später in ihren schriftlich festgehaltenen Erinnerungen niedergelegt haben. Von solchen Erinnerungen liegen Dutzende in gedruckter Form veröffentlicht vor. Viele aber sind bisher nur in persönlichen Aufzeichnungen und in bisher unveröffentlichten Manuskripten überliefert. So kann es sich in diesem Buch also nicht darum handeln, eine vollständige Dokumentation über diesen Bereich der Tätigkeit Rudolf Steiners vorzulegen, sondern vielmehr darum, an einzelnen Beispielen symptomatisch aufzuzeigen, wie das persönliche Gespräch einen wesentlichen Teil im Wirken Rudolf Steiners ausgemacht hat.

Um sich ein Bild von dem Umfang dieser beratenden Tätigkeit Rudolf Steiners durch persönliche Gespräche zu machen, sei hier die Schilderung Günther Wachsmuths eingefügt, die er in seinem Buch *Rudolf Steiners Erdenleben und Wirken* (Dornach 1964) gegeben hat. Auf dem Höhepunkt von Rudolf Steiners öffentlicher Wirksamkeit im Jahre 1922 fand in Wien der so genannte Ost-West-Kongress statt. Vom 1.–12. Juni hielt Rudolf Steiner selber 12 Vorträge, nahm an den Vorträgen anderer und an den künstlerischen Veranstaltungen teil und hatte noch Zeit für unzählige Einzelgespräche. Wachsmuth berichtet:

»Eine typische Einzelheit möchte ich noch aus dieser Kongresszeit in Wien erwähnen, die zeigt, dass Rudolf Steiner nicht nur der Helfer der Tausende in den öffentlichen Vortragssälen, sondern gleichzeitig auch immer der Berater der einzelnen Individualität war. Denn von den vielen Menschen, die zum Kongress nach Wien gekommen waren, wollten nun Hunderte auch noch eine persönliche Aussprache mit ihm haben, ihn um Rat bitten, ihm besondere wissenschaftliche oder persönliche Fragen vorlegen. So war das ganze Treppenhaus des Hotels Imperial in Wien, wo er wohnte, von der Eingangshalle bis hinauf zu seinem Zimmer dauernd von einer nie abreißenden Kette von Menschen erfüllt, die auf den Treppenstufen und in der Hotelhalle in Reih und Glied auf den Augenblick warteten, wo er sie für einige Minuten empfangen konnte.

Es war ein seltsames Bild, das sich da in diesem eleganten Wiener Hotel darbot, und ich musste gemeinsam mit einem jüngeren Freund, Andreas von Grunelius, eine besondere Organisation schaffen, um diesen endlosen Besucherstrom in geordnete Bahnen zu leiten, damit der große Hotelbetrieb nicht allzu sehr blockiert werde. So kam fast jeder der Wartenden doch in diesen Tagen noch zu einem kurzen Gespräch mit ihm, dessen Rat sie suchten, und für wie viele, die von weither gekommen waren, bedeutete dies eine entscheidende Stunde in ihrem Leben! Seine Konzentrationskraft und unermessliche Menschenliebe gaben ihm die Möglichkeit, in wenigen, dem Wesen und der Lebenssituation jedes Einzelnen gerecht werdenden Worten ihnen etwas mit auf den Lebensweg zu geben, das oft für die zukünftige Selbstgestaltung des Schicksals dieser Menschen entscheidend war.

Auch in der Regelung dieses Besucherstromes, die er mir anvertraut hatte, konnte ich seine außergewöhnliche Gabe der Intuition, ja, ich muss sagen, der bei ihm eben vorhandenen Fähigkeit der hellsichtigen Überwindung räumlicher Distanzen an seltsamen Beispielen erleben. Denn es waren unter den vielen ernsten Besuchern natürlich in dieser Weltstadt auch einige nur Neugierige gekommen, Journalisten, Sensationshungrige, Unterschriftensammler und so weiter. Wenn ich nun jeden Einzelnen zu Besuch bei ihm anmeldete, von denen er viele weder dem Namen nach kannte noch je vorher gesehen hatte, so war es immer wieder erstaunlich, wie er sofort seine Auswahl traf, obwohl er die Menschen nicht einmal vor sich hatte, denn sie standen draußen im Treppenhaus oder warteten unten in der Halle. Ohne dass ich etwas zur Charakteristik des Besuchers sagte, gab er immer nach kurzem Nachsinnen sein Ja oder Nein, ob er den Betreffenden empfangen wolle oder nicht. Und es war verblüffend, wie er diese Auswahl gerade unter den völlig Unbekannten traf. Ein besonderes Beispiel: Ein sich sehr wichtig machender Besucher bedrängte mich in der Hotelhalle, er müsse ihn unbedingt sprechen, wollte aber den Zweck nicht angeben, und ich konnte nicht einmal den Namen verstehen; ich meldete ihn an, Rudolf Steiner aber sagte mir oben im Zimmer, ohne ihn zu sehen: Geben Sie ihm ein paar Schilling, dann wird er wieder gehen. Ich war bestürzt, weil mir dies nach dem Aussehen des Besuchers unmöglich schien, ging aber wieder hinunter und tat zögernd, was mir aufgetragen war, einen Entrüstungssturm erwartend. Aber es geschah genau, wie vorhergesagt: Er nahm es und ging. Dies ist nur eine kleine, doch auch typische Episode aus der Fülle solcher Erlebnisse. Es ließen sich noch viele solche Beispiele erzählen. – Andere völlig Unbekannte empfing er dann wieder zu eingehendem Gespräch. Die meisten der Besucher kamen eben mit Fragen der wissenschaftlichen Forschung oder der geistigen Lebensführung zu ihm. Man muss sich gegenwärtig halten, dass sich all dies inmitten eines aufreibenden Tagespensums mit zahlreichen Veranstaltungen vollzog, dass er dabei niemals Zeichen von Müdigkeit zeigte, immer freundlich, bestimmt, klar und eindeutig alles Große und Kleine vollzog.«

Obwohl diese Tage im Juni 1922 sicherlich einen besonderer Höhepunkt in der Beanspruchung der Arbeitskraft Rudolf Steiners darstellten, muss man sich vor Augen führen, dass auch schon vorher und besonders nachher Einzelgespräche mit Rat suchenden Menschen einen wesentlichen Teil seiner täglichen Arbeit ausmachten. Es soll hier aber nicht nur von der Quantität dieser Arbeit die Rede sein, sondern vor allen Dingen soll in diesen Ausführungen deutlich werden, wie Rudolf Steiner durch seine Art des Zuhörens und Sprechens und durch den Inhalt seines Rates entscheidend in die Schicksale seiner Gesprächspartner eingewirkt hat. Dabei hat er sich – wie zu zeigen sein wird – als ein Meister der Seelsorge erwiesen.

Wolfgang Gädeke
Kiel, Michaeli 2015

Einleitung

Bei der Gründung der Christengemeinschaft hat Rudolf Steiner den werdenden Priestern in einigen Ausführungen die Grundlagen für eine Seelsorgetätigkeit dargestellt (siehe GA 344, S. 183–187). Wenn man diese Anregungen ein wenig systematisiert, so ergeben sich für diese Tätigkeit folgende Stufen:

1. Als Voraussetzung ist notwendig »ein fortwährendes sorgfältiges Studium der Menschennatur«. Dafür gibt es in der Anthroposophie, die ja »Weisheit vom Menschen heißt«, vielerlei Darstellungen, die für die Seelsorge fruchtbar gemacht werden können.
   Ich nenne nur einige grundlegende Dinge: die Unterscheidung von Seele und Geist; die Unterscheidung von Ich-Bewusstsein und wahrem (höherem) Ich; das Ich als »Baby«; die Anschauung des Bildekräfteleibes (Ätherleib) als Träger von Temperament, Charakter und bleibenden Neigungen; die vier Temperamente; der Gedanke der Wiederverkörperung und des Schicksalsgesetzes; der Siebenjahresrhythmus im Lebenslauf; der Zusammenhang der dreigliedrigen Leibesorganisation mit den Seelenkräften und den Bewusstseinsarten; die Wirkungen der Widersachermächte auf die Seele und die anderen Wesensglieder des Menschen.

2. Wenn ein Mensch sich mit seinen Fragen und Nöten einem Seelsorger anvertraut, so ist es notwendig, dass dieser »alles Menschliche emotionsfrei« anzuhören in der Lage ist. Da Rudolf Steiner auf sein Buch *Wie erlangt man Erkenntnisse der höheren Welten?* im Zusammenhang mit der Schulung des Seelsorgers hinweist, sollen hier besonders die Anregungen genannt werden, die in dem Kapitel »Über einige Wirkungen der Einweihung« (S. 119 f.) gegeben werden. Für das emotionsfreie Zuhören gilt dabei: »Beim Zuhören der Reden der Mitmenschen versuchen, ganz still zu werden in seinem Innern und auf alle Zustimmung, namentlich alles abfällige Urteilen (Kritisieren, Ablehnen), auch in Gedanken und Gefühlen, zu verzichten.« (GA 267, S. 69) Sowohl Freude wie Entrüstung müssen im Wesentlichen schweigen.

3. Eine erste positive Wirkung wird schon durch diese Art des Zuhörens eintreten, indem die Menschen »eine gewisse Erleichterung verspüren werden, dass sie ihre inneren Angelegenheiten dem Seelsorger anvertrauen können«. Viele Seelsorger, Lebensberater und Psychologen meinen, dass ihre Aufgabe in nichts anderem bestehen könne, als so zuzuhören. Aber Rudolf Steiner geht weit darüber hinaus.

4. In einer weiteren Stufe geht es darum, dass der Seelsorger erfährt, »wie die Schwierigkeiten entstanden sind, welche Rolle sie bei den Menschen spielen und wie weit sie in der Zeit zurückliegen«. Das heißt, der Seelsorger muss sich ein Bild davon machen, wie das, was der Mensch ihm anvertraut hat, sich in seiner Biografie entwickelt hat und was es in ihm bewirkt. Denn er wird nur dann in der Lage sein

zu helfen, wenn er nicht nur die Momentaufnahme eines gegenwärtigen Zustandes kennt, sondern wenn er die Entwicklung begreift, die zu diesem gegenwärtigen Zustand geführt hat.

5. Der folgende Schritt erscheint vielen Menschen als problematisch oder sogar als unstatthaft: Es geht um die Beurteilung der Lage, in der sich ein Mensch befindet. Damit ist nicht eine moralische Verurteilung gemeint, sondern ein Urteil im Sinne einer Diagnose, also einer Einschätzung dessen, inwiefern der Mensch in irgendeinem Bereich seines Wesens oder seines Lebens aus dem Gleichgewicht der Mitte nach der einen oder anderen Seite heraus geraten ist. Diese Beurteilung muss aber »in die Sphäre des geistigen Lebens gerückt« werden.

6. Um Manipulation auszuschließen, ist es notwendig, dass der Seelsorger dem betreffenden Menschen diese Diagnose auch mitteilt. Rudolf Steiner scheut sich nicht, von einer »Lehre« zu sprechen, die man an den Menschen heranzubringen habe, allerdings dürfe sie nicht in Theorien bestehen, sondern müsse stets »im konkreten Fall individuell formuliert« sein. Jedenfalls soll der Seelsorger »Stellung nehmen« zu dem, was er hört.

7. Zuletzt geht es aber auch um eine Beratung; darum, dem Menschen »dasjenige anraten zu können, wodurch er über die Schwierigkeiten hinauskommt«. Spätestens auf dieser Stufe wird deutlich, dass der Seelsorger eine tiefe schicksalsmäßige Verbindung eingeht zu demjenigen, den er berät.

In den folgenden Kapiteln soll gezeigt werden, wie Rudolf Steiner auf vielseitige und höchst individuelle Weise verschiedenen Menschen in ganz unterschiedlichen Situationen als Seelsorger mit zum Teil schicksalsbestimmenden Folgen geholfen hat.

Der Zuhörende und Fragende

Marta Heimeran (1895–1965)

Ein besonders schönes Beispiel für das Zuhören Rudolf Steiners und seine Art von Beratung schildert *Marta Heimeran*, eine der drei Frauen, die bei der Gründung der Christengemeinschaft zu Priesterinnen geweiht wurden, in ihren Erinnerungen, die sie 1942 niederschrieb (unveröffentlicht, Archiv der Christengemeinschaft, I.1.23). Sie gehörte zu dem Kreis der Studenten aus dem Wandervogel in Tübingen, die im Frühjahr 1921 zur Anthroposophie gefunden hatten. Sie wurde von ihren Freunden aufgefordert, am zweiten Theologen-Kurs teilzunehmen, den Rudolf Steiner im September und Oktober 1921 in Dornach hielt. Und obwohl sie im Sommer an Diphtherie erkrankte und an einer Lähmung des Gaumensegels litt, sodass sie nicht sprechen konnte, fuhr sie – etwas verspätet – nach Dornach und hoffte auf ein Gespräch mit Rudolf Steiner zur Klärung ihrer Lebenslage. Ein Mitstudent aus Tübingen, Gerhard Klein, hatte bereits einen Termin bei Rudolf Steiner für ein Gespräch mit ihr verabredet, als die Lähmung ihres Gaumensegels, die zwischenzeitlich gewichen war, wieder einsetzte.

»Ich wollte jedenfalls nicht absagen. Reden würde ich ja nicht mit ihm können, aber einmal ihm begegnen und ihm ins Auge schauen zu können! Weiter erwartete ich nichts. Nachdem aber der Schritt zu diesem Gespräch mich so entsetzlich viel Mut gekostet hatte, wollte ich nun nicht mehr zurück. Vielleicht auch, hoffte ich, würde die Sprache bis dahin doch etwas gebessert sein ...« In der Schreinerei neben dem Goetheanum ging sie in das Atelier Rudolf Steiners. »Ich glaube, Dr. Steiner saß da und erhob sich auch nicht. Das war mir etwas befremdend. Mehr noch der Schnupftabak, der seine schwarze Krawatte und seinen schwarzen Rock reichlich zierte. Ja, an ihm *fing* ich mich sozusagen, weil ich irgendwo lächeln musste. Und nun begann ein seltsames *Gespräch,* in dem ich wohl versuchte, allerhand zu lallen, er mir aber wie abwinkte und sagte, ich solle die Fragen nur denken, und alles dann beantwortete.

Worum es ging? Um meine Teilnahme am Kurs, Beteiligung überhaupt an der Christengemeinschaft. Ich wollte auch noch Rat über das Meditieren. Er gab mir einen wundervollen Rat, der mir selbst viel half und den ich auch zum Wohle anderer vielfach gebraucht habe: ›Sie müssen sich am Sonntag etwas Bestimmtes für einen Wochentag vornehmen, vielleicht den Besuch eines Kranken, und diesen Vorsatz entgegen allen Bedenken dann durchführen. Das bringt das Ich herein. Man darf es aber nicht zu oft machen, höchstens zweimal in der Woche, sonst ist es gefährlich.‹ (S. 10 ff.)

Über diese Genauigkeit, und dass mit so einfachen Dingen so viel erreicht werden kann und dass man damit bereits an eine Gefahrenzone kommt, war ich bass verwundert. Gerade aber diese Anweisung beglückte mich tief. War also doch auch die trotz aller Hindernisse erreichte Durchführung dieses Gesprächs wichtig. Als ich von meiner Sprechunfähigkeit entschuldigend etwas vorbringen wollte, sagte er nur, ich glaube zweimal: ›Das weiß ich schon, das weiß ich schon‹, und dann so etwas wie: ›Das müssen Sie aber jetzt erst ausheilen.‹

Mir ist rückschauend auch, als ob er in diesem Gespräch etwas sagte ähnlich wie: ›Es ist schon richtig, dass Sie hier bei der Christengemeinschaft mitmachen. Dahin geht im Grunde Ihr Impuls.‹ Er sagte etwa: ›Wenn Sie kulturell wirken wollen im Großen, müssen Sie im Religiösen anfangen.‹ Leider ist mir Einzelnes aus dem Gespräch sonst nicht erinnerlich. Nur dass ich unendlich beglückt und befreit daraus hervorging und dass mich der ungeheure Ernst dieses Menschen zugleich mit der Güte seiner dunklen Augen sehr beeindruckte.«

Aus dieser Schilderung geht hervor, wie Rudolf Steiner nicht nur dem zuhörte, was sein Gegenüber sprach, sondern dass er auch dessen Gedanken *zuhören* konnte, so intensiv ließ er sich auf den jeweiligen Menschen ein. Außerdem wird deutlich, wie er in seinen Antworten nicht bloß auf das reagierte, was er gefragt wurde, sondern dass er auf die tieferen, unausgesprochenen Fragen Marta Heimerans einging und Antworten gab, die ihrem gesamten Lebensweg seine Richtung geben konnte.

Der Antwortende

Rudolf Meyer, 1922 (1896–1985)

Es gibt eine wunderbare Schilderung in einem Brief Rudolf Meyers, dem späteren Priester der Christengemeinschaft, in dem er seinen Eltern von seinem ersten persönlichen Gespräch mit Rudolf Steiner berichtet. Er hatte sich schon zwei Jahre mit Anthroposophie beschäftigt und war Mitglied der Anthroposophischen Gesellschaft geworden, als er nach dem Vortrag am 30. Juni 1918 in Hamburg Rudolf Steiner persönlich vorgestellt wurde: »Dr. Steiner begrüßte auch mich und gestattete mir, am Montag um 12:00 Uhr [1. Juli] zu ihm zu kommen. Das hatte ich gar nicht zu hoffen gewagt.«

Rudolf Steiner wohnte bei Mitgliedern der Gesellschaft in Hamburg-Eppendorf, wo das Gespräch stattfand. Schon die Schilderung des Hauses und der Wohnung durch Rudolf Meyer ist es wert, festgehalten zu werden: »Und langsam pilgerte ich nach Eppendorf durch die herrlichen Alleen, bis ich zu dem Hause jenes Mitgliedes der Loge kam, bei dem Dr. Steiner zu Gast war. Ein modernes Haus in stiller, vornehmer Gegend. Man führte mich in ein wunderbares Zimmer: wie in Märchenschönheit hinein: Ist es ein Traum? fragt man sich immerfort. Nebenan höre ich anmutig plaudernd den erwarteten Mann, dann wieder mit tönender Stimme Weisung gebend … Dann goldene Melodien, die ihm ein Mädchen vorspielt. Er gibt ihr – was kann er nicht? – musikalische

Ratschläge; und dann muss eine Andere *Eurythmie* tanzen, Tänze und Reigen, wie er sie fand und lehrte. Sie schreitet zur Musik die heiligen Figuren ... Ich höre alles vom Nebenzimmer aus und warte ... Derweilen lasse ich die Herrlichkeit des Zimmers auf mich wirken. Da beginnt eine neue Raumkunst und Wohnungsmoral! Tiefes Violett, wie es in den Fenstern alter Münster und Dome den Grundton abgibt, bekleidet hier die Wände. Oben setzt sich ein breiter Rand in erhabenem Blau an. Alles im Zimmer ist in weise erdachten Farbenabstufungen, wie es Goethe eigentlich schon anstrebte, als er seine *Farbenlehre* schrieb. Feine und liebevoll gearbeitete Bücherschränke mit den köstlichsten Schätzen an Büchern darin; goldumrandete Bilder alter Tage an den Wänden. Raffaels große Madonna beherrscht das Gemach: königlich auf Wolken schreitend über der gedämpft-violetten Chaiselongue. Ganz duftig-zarte Bilder dann, neue: eins zum Beispiel wie unter dichten Schleiern verhüllt, so ahnt man durch es hindurch in himmlisch-angedeuteten Farben Stufen, Stufen zum Sonnenthron; verklärte Chöre von Seligen streben dort hinauf und preisen den, der oben waltet und Licht ausströmt: der Sonnengott, den die Religion den *Christus* genannt hat* – und dann dort hinten überm Schreibtisch ein tief-tiefschwarzes Gemälde, gewaltig sich breitend und ohne all die herrliche Farbenpracht: ein überlebensgroßer Kopf hebt sich aus der Nacht heraus; das bleiche Antlitz, in dem Weltenschicksale – nicht menschliche Angelegenheiten – eingegraben sind. Darüber das tief gescheitelte Haar in schwarzem Glanze. Das ist der Mann, der gleich eintreten wird.

* Es handelt sich vermutlich um das Gemälde von Nikolaus Gysis »Der himmlische Bräutigam«, siehe GA 291a, Seite 252, 283 und Farbbeilage, Seite 2.

Und er kam nun. Bilder sind fahl und unbedeutend gegen sein wirkliches Antlitz. Er kannte mich gut, trotzdem ich ihm doch nur vorgestellt war. Während er im Vortrage für alle leicht fassbar sprach, redete er jetzt, in Antwort auf meine Fragen, knapp und gerade so, dass ich es eben noch verstehen konnte. Es ist unfassbar, wie er einfach weiß, in welchem Grade er dies und jenes voraussetzen darf bei einem. Er redete von Husserl, Scheler, Brentano auf philosophischem Gebiet und wusste stets bei allem, wie weit ich das verstand und kannte. Dann kam Politik: Naumanns letzte große Rede im Reichstage, die Finanzpolitik besonders; die heutige Behandlung des Kapitals besprach er als besonders ernst und kritisierte sie scharf. – Sozialprobleme; russische Revolution et cetera. Dann kam Wunderbares, das er mir für meine persönliche Entwicklung sagte [es handelte sich um eine Meditation, die er ihm gab, wie Rudolf Meyer später schrieb]. Schließlich auch noch die Beantwortung einer theologischen Frage, über die ich nicht ins Reine kommen konnte. Immerfort quäle ich mich damit ab; keine Lösung der Gelehrten genügte mir. Mit ein paar Worten löst er mir alles durch Hinweise. Nun kann ich es selbst weiter arbeiten (denn eigene Arbeit will er einem nie ersparen).

Eine Stunde lang dauerte nun doch das Gespräch. Er ist – wie selbst ausgelöscht – hingegeben an das, was man sagt. Versteht sofort alles, ganz gleich, wie man sich ausdrückt. Hat ohne eine Sekunde Zögern (obgleich er nur auf den Anderen aufpasste) doch sofort die kompliziertesten Antworten bereit mit schlichtesten Worten. Jeder Satz eingeprägt in einem. Man muss alles erst später verarbeiten. Solche Fülle von Anregungen. Man fühlt, dass er einen im wesentlichsten kennt und sicher vorher erforscht hat.

›Aber wir sind ja alle hellsichtig‹, sagte er zu mir. ›Und wir erkennen den anderen umso hellsichtiger, je mehr wir Liebe haben.‹

Wie von lauter Licht umflossen, schreitet man nach dem wunderbar herzlichen Abschiede unter die Alleen hinaus …« (Brief an die Eltern vom 2.7.1918, unveröffentlicht, Archiv der Christengemeinschaft, I.1.46)

Das Besondere dieser Schilderung liegt darin, dass sie nicht nach langen Jahren aus der Erinnerung niedergeschrieben, sondern gleich am folgenden Tag für die Eltern festgehalten wurde. Sie stammt also aus ganz frischer Erinnerung. Außerdem ist für unser Thema bedeutsam, dass Rudolf Meyer nicht in erster Linie von seinen eigenen Fragen und den konkreten Antworten Rudolf Steiners berichtet. Vielmehr charakterisiert er dessen Art des Zuhörens und Antwortens, des Verstehens seines Gegenübers.

Der Ermutigende

Thomas Kändler, 1921 (1901–1957)

Unter den Gründern der Christengemeinschaft waren einige noch sehr jung, 19, 20 und 21 Jahre alt. So ist es verständlich, dass manche Zweifel hatten, bei der Gründung mitzumachen, da sie sich für zu jung und unerfahren hielten. Zu diesen gehörte auch *Thomas Kändler*, der Rudolf Steiner schon seit seiner Kindheit kannte, da sein Vater schon Anthroposoph war und Rudolf Steiner in dessen Hause verkehrt hatte. Er war beim ersten Theologen-Kurs im Juni 1921 gerade 20 Jahre alt geworden. Er schreibt in seinen Erinnerungen von 1951, S. 3:

»Nach Beendigung des Juni-Kursus drängte es mich, Rudolf Steiner mitzuteilen, dass ich zwar nach einigen Semestern katholischer und evangelischer Theologie in diesem Juni-Kursus das gefunden hätte, was ich bislang gesucht habe. Aber dass ich zum Eintreten in diesen Beruf doch lieber erst acht Jahre älter, also 28 Jahre werden und mich bis dahin innerlich und äußerlich etwas mehr stabilisieren wolle. Die Reaktion Rudolf Steiners auf diese Mitteilung – ich hatte keinen Rat von Rudolf Steiner haben wollen – war verblüffend. Sekundenlang ging sein Blick wie in sich selbst zurück – wir saßen in einem in meiner Erinnerung kleinen blauen Zimmer der Landhausstraße [der Wohnung Rudolf Steiners in Stuttgart] nahe einander gegenüber – dann traf dieser Blick mich wieder voll und groß – und fast temperamentvoll kam es dann: ›Es ist keine Zeit zu verlieren! Was Sie da noch vorhaben (ich hatte von einem äußeren Abschluss meiner Studien gesprochen), können Sie später auch noch machen – aber nötig ist das nicht, und die *Erfahrungen draußen in der Welt*, die Sie noch machen wollten, die machen Sie besser innerhalb der in diesen Tagen vorgeschlagenen Zusammenhänge [der werdenden Christengemeinschaft] durch!‹ Ich muss gestehen: Ich ahnte in jener Stunde nicht, welche Schwierigkeiten nun in meinem Leben zu überwinden sein würden – und wie ein feiner Stich, dass ich für immer festgelegt sei, ging durch mich hindurch. Aber in mancher Schwierigkeit, die sich aus eigener Schwäche und durch Verständnislosigkeit von anderer Seite ergab, waren diese spontanen Worte Rudolf Steiners ein Trost.« (unveröffentlicht, Archiv der Christengemeinschaft, I.1.39)

An dieser Schilderung kann man sehen, wie individuell und unkonventionell Rudolf Steiner die Menschen beriet. Es wird immer wieder betont, Rudolf Steiner habe nur auf die Fragen der Menschen geantwortet und nicht von sich aus in den Willen der Einzelnen eingegriffen. Aber an diesem Beispiel sieht man, dass sein Rat sich nicht beschränkte auf eine Beantwortung gestellter Fragen, sondern dass er von einem höheren, geistigen Gesichtspunkt aus auf das Schicksal von Menschen blicken konnte und von diesem Blickpunkt aus sprach. Indem er aussprach, dass es für die Gründung der Christengemeinschaft keine Zeit zu verlieren gelte, lenkte er Thomas Kändlers Aufmerksamkeit von dessen persönlich nur zu berechtigten Bedenken auf eine objektive geschichtliche Notwendigkeit. Und indem er Kändlers berechtigte Absicht, »Erfahrungen draußen in der Welt« zu sammeln anerkannte, griff er nicht in seinen Willen ein, sondern wies ihn darauf hin, dass er diese Erfahrung auch und sogar noch besser innerhalb seines Wirkens in der Christengemeinschaft durchmachen könne. Und diese Worte waren für Thomas Kändler im Rückblick auf 30 Jahre gelebten Lebens immer wieder ein Trost.

Gerhard Klein, 1922 (1902–1980)

Noch ein Jahr jünger als Thomas Kändler war *Gerhard Klein*. Auch sein Vater war als evangelischer Pfarrer schon lange Anthroposoph, auch er kannte Rudolf Steiner von Kindheit an. Aber in den Tagen der Gründung der Christengemeinschaft 1922 plagten ihn einige Zweifel. So ging er zu Rudolf Steiner. In seinen Erinnerungen von 1965 schreibt er:

»Ich selbst musste seine Hilfe in Anspruch nehmen. Nicht, dass ich nicht die feste Überzeugung gehabt habe, ich müsste mitmachen, aber ich brauchte seine Bestätigung. Die beiden Fragen, die ich ihm vorlegte, und seine Antworten sind wichtig zum Begreifen dessen, was bei der Begründung vor sich ging. Die erste Frage ging in der Richtung: Ich bin ja nun da, aber bin ich nicht zu jung? Doch die Anderen, die Älteren sind nicht gekommen. Das war eines der wenigen Male, wo ich im Zusammensein mit Dr. Steiner erleben durfte, dass er gleichsam den Vorhang aufgehen ließ und ich in die Tiefe seiner Seheraugen schauen durfte. ›Das dürfen Sie nicht einmal denken, denn dann meinen Sie, dass Sie aus Ihren individuellen Kräften wirken könnten, was hier nötig ist. Die Gemeinschaft wirkt durch Sie. Sie werden in Ihrem Leben auch aus Ihrem persönlichen Karma heraus schaffen können, wozu Sie dann ein gewisses Alter erreicht haben müssen. Sie verstehen doch, so wie Goethe erst in seiner Lebensmitte die Metamorphosenlehre schreiben konnte. Aber hier handelt es sich um etwas anderes.‹

Die zweite Frage lautete: Es bedrückt mich, dass mein Vater nicht mit hier ist. Er wäre doch viel geeigneter als ich. Ich wusste, dass Dr. Steiner an meinen Vater einige Monate vorher eine bestimmte Frage gestellt hatte, die darauf hindeutete, dass Dr. Steiner es nicht für ausgeschlossen hielt, dass er seinen bisherigen Wirkungskreis verließ. Die Antwort war ebenso verblüffend wie einfach und machte mich auf das Subjektive meiner Fragestellung aufmerksam: ›Warum wünschen Sie das? Ich habe beobachten dürfen, dass das Karma Ihres Herrn Vaters gleichsam messerscharf abläuft. Soll er aus seinem Karma heraus hier mitwirken, wird er schon dazu kommen. Das hat aber mit Ihnen nichts zu tun.‹ Er entließ mich gütig mit einem Rat: ›Bei Ihnen kommt es nur darauf an, dass Sie sich nicht auf die Füße treten. Sie verstehen doch, dass Sie den zweiten Schritt erst machen, wenn Sie den ersten voll gemacht haben.‹« (unveröffentlicht, Archiv der Christengemeinschaft, I.1.43)

Auch in diesem Beispiel wird der Fragende von seinem berechtigten subjektiven Gesichtspunkt auf objektive geistige Tatsachen verwiesen. Denn das Wirken eines Priesters kann im Wesentlichen nicht aus seinen individuellen Kräften geschehen. Mit dem Vollbringen der Sakramente im Auftrag und aus der Kraft einer Gemeinschaft vollzieht er den Willen der geistigen Welt, durch deren Gnade allein wirklich wird, was er tut. Das ist zunächst das Wichtigste. Und was als Wirken aus individuellen Kräften, zum Beispiel in der Lehre und in der Seelsorge hinzukommen kann und muss, das wird zur rechten Zeit im Leben möglich werden. Mit der Antwort auf die zweite Frage Gerhard Kleins verhalf Rudolf Steiner ihm zu einem Schritt in die eigene Mündigkeit, indem er ihm bedeutete, dass sein eigener Entschluss von dem seines Vaters vollständig unabhängig sein müsse. Und in dem abschließenden Rat erkennt man den Menschenkenner, der dem jugendbewegten, sanguinisch-leichtfüßigen Gerhard Klein auf bildhafte Weise etwas auf den Lebensweg mitgab.

Joachim von Sydow (1899–1949)

Olga von Sydow, die Frau des Mitgründers der Christengemeinschaft *Joachim von Sydow*, schrieb 1959 eine Notiz für Herrn Hans Schmidt, die sich im Archiv am Goetheanum findet:

»Der Priester Joachim Sydow, 22-jährig, sagte 1921 zu Dr. Steiner, er möchte doch lieber erst später mit dem Priesterberuf anfangen, da er ja doch noch viel zu jung sei. Rudolf Steiner antwortete: ›Nein, nein, nicht warten, sondern jetzt sofort müssen Sie anfangen, denn in fünf Jahren stoßen Sie nicht mehr durch, da ist alles schon viel zu verhärtet.‹« (Archiv am Goetheanum)

Carl Graf von Keyserlingk, geboren am 14.8.1868 in Jakobsdorf, Schlesien, übernahm nach seiner Heirat die Verwaltung über die Güter, die zur Zuckerfabrik seines Schwiegervaters in der Nähe von Breslau gehörten. Die Güter umfassten 30.000 Morgen Land, das heißt, etwa 7500 Hektar. Die Eheleute Keyserlingk hätten gerne auf einem der Güter auf dem Lande ihren Wohnsitz genommen, aber das duldete der Schwiegervater nicht, und so musste der Graf 15 Jahre lang die Güter von Breslau aus verwalten. Der Graf hatte schon resigniert und als gottgegebenes Schicksal hingenommen, dass er nicht wie gewünscht auf dem Lande wohnen konnte. Doch seine Frau fragte Rudolf Steiner Ende 1919 in einem Gespräch um Rat. Die Gräfin berichtet von diesem Gespräch:

Carl Graf von Keyserlingk, ca. 1924 (1869–1928)

»Dann kamen wir auf Koberwitz. [Ein Herrenhaus auf einem der Güter, circa 20 km südlich von Breslau.] Rudolf Steiner ließ trotz meiner Einwendungen nicht mehr davon ab und beendete sie mit den Worten: ›Verlangen Sie Koberwitz!‹ Ich sagte, dass mein Vater, um dies unmöglich zu machen, schon einen sechsjährigen Wohnvertrag mit meinem ältesten Bruder dafür abgeschlossen habe. ›Verlangen Sie Koberwitz!‹, beharrte Rudolf Steiner. ›Ihr Vater wird ihrem Bruder schon ein anderes Haus einräumen! Es kann natürlich sein, dass Ihr Bruder Sie dann nicht mehr grüßen wird …‹

Johanna Gräfin von Keyserlingk, ca. 1924 (1879–1966)

Mein Vater war ein Despot … Obwohl er Carl die Leitung der Güter übertragen hatte, war ihm wohl bewusst, von welcher anderen Sinnesart sein Schwiegersohn war. Sobald Carl mit dieser Bitte kam, drohte er ihm mit Entlassung.«

Rudolf Steiner schrieb an Graf Keyserlingk einen Brief, in dem er ihn ermutigte, an seiner Forderung gegenüber seinem Schwiegervater festzuhalten. Die Gräfin berichtet weiter:

»Nun aber, nachdem Rudolf Steiner ihm diesen Brief geschrieben hatte, betrat Carl eines Morgens das Büro meines Vaters in Ruhe und Sicherheit und brachte die Angelegenheit wieder vor mit dem Bemerken, dass er seine Zeit und Kraft unnötig vergeude und die Betriebe leichter zu überschauen seien, wenn er aus der Stadt heraus aufs Land zöge.

Ergriffen, ja erschüttert kam er zurück: Ein Wunder sei geschehen. Mein Vater sei wie umgewandelt gewesen und habe sich ganz entgegenkommend gezeigt mit dem Bemerken, dass er nähere Ausführungen darüber haben wolle. Dann vollzog sich alles Schlag auf Schlag. Bei der nächsten Aufsichtsratssitzung trug mein Vater den Umbau des Koberwitzer Schlosses vor, der ohne Weiteres bewilligt wurde ... So, wie Rudolf Steiner es gesagt hatte, bekam mein Bruder ein anderes Haus. Und eines Abends, als ich in Koberwitz über den Hof ging, begegnete mir mein Bruder, ging an mir vorbei und grüßte mich nicht.« (*Koberwitz 1924*, Stuttgart, 1974, S. 43f.)

Bemerkenswert an diesem Vorgang ist nicht nur, wie genau Rudolf Steiners Vorhersage eintraf, dass der Bruder der Gräfin sie nicht mehr grüßen werde. Auch das Vertrauen verdient Beachtung, das Graf Keyserlingk in Rudolf Steiners Rat setzte, obwohl er aus der Erfahrung wusste, dass sein Schwiegervater ihm bei jeder eigenen Willensregung drohte, ihn zu entlassen. Man kann gut nachvollziehen, wie dieses Vertrauen durch eine solche Erfahrung in ihm gewachsen sein muss. Dadurch wird auch verständlich, warum er einen weiteren Rat Rudolf Steiners in einer geradezu absurden Situation befolgte: Nachdem die Eheleute Keyserlingk 1918 Rudolf Steiner kennengelernt und zu ihm Vertrauen gefasst hatten, erhielt der Graf von Rudolf Steiner die Aufgabe, die Oberaufsicht über einige kleinere Landgüter in Württemberg innerhalb des *Kommenden Tag* zusätzlich zu dessen Aufgaben in der Firma seines Schwiegervaters zu übernehmen. Das wurde nicht gerne gesehen. Die Gräfin berichtet:

»Schon seit längerer Zeit hatte es zwischen meinem Vater und ihm Schwierigkeiten gegeben, da beide sehr gegensätzliche Charaktere waren und mein Mann hinsichtlich der sozialen Verhältnisse in der Firma und in der Güterverwaltung Selbstständigkeiten anstrebte, die mein Vater ihm nicht einräumen wollte. Carls Hinwendung zur Anthroposophie war daher ein willkommener Anlass für meinen Vater, die Direktoren und den Aufsichtsrat gegen ihn einzunehmen. ›Ressort-Trennung‹ war immer wieder die Weisung, die Carl von Rudolf Steiner erhalten hatte, wenn er über diese Schwierigkeiten mit ihm sprach. Gerade das aber wollte mein Vater verhindern. Bestand doch die Gefahr, dass die jüngere Tatkraft das Alter überrunde …

Im Winter 1919/20 hatte Carl vor einer wichtigen Aufsichtsratssitzung in Berlin, auf der er seine Ressort-Trennung durchsetzen wollte, den Rat Rudolf Steiners in Stuttgart eingeholt. Er verabschiedete sich nach der Besprechung von Rudolf Steiner und erhielt dabei ganz unerwartet ein Schriftstück überreicht mit den Worten: ›Hier ist ihr Anstellungsvertrag als Leiter der Güter des *Kommenden Tag*!‹ Etwas verwundert, da darüber noch nichts Konkretes besprochen worden war, steckte Carl das Papier in die Tasche und fuhr ab nach Berlin. Dort war die Stimmung äußerst gespannt. Trotzdem forderte Carl, gemäß der Weisung, die er von Rudolf Steiner erhalten hatte, volle Freiheit in der Güterverwaltung. Der Aufsichtsrat zog sich zur Beratung zurück, und dann wurde Carl verkündet, dass sein Antrag abgewiesen sei und man ihm anheimstelle, seine Arbeit in Schlesien zu verlassen. Da durchzuckte es ihn: der Anstellungsvertrag! Der Doktor [Rudolf Steiner] hat mich gesichert! Und er zog den Vertrag hervor mit der Bemerkung, da dieser Ausgang zu erwarten war, habe er bereits eine andere Anstellung angenommen. Die Herren waren darüber derartig verblüfft, dass Carls Antrag erneut beraten und schließlich gewährt wurde. Doch mein Vater gab keine Ruhe. Es kam dann zu einer Auseinandersetzung zwischen beiden, die damit endete, dass Carl seine Arbeit in der Zuckerfabrik Klettendorf [ca. 8 km südwestlich von Breslau] zunächst für ein halbes Jahr, bis zum 1.10.1920, verlassen sollte.

Er liebte seine Arbeit und wurde auch von seinen Mitarbeitern geliebt und verehrt. Diese Wendung hat ihn deshalb tief ergriffen ... Bald darauf reiste er nach Stuttgart zum *Kommenden Tag* – der Oktober würde die endgültige Entscheidung bringen.

Ende September, wenige Tage vor seiner Rückreise nach Schlesien, erhielt Carl jedoch einen Brief meines Vaters, der schrieb, es sei das Beste, wenn er gar nicht mehr nach Klettendorf zur Arbeit zurückkehre, und er wurde gebeten, dort nicht mehr in Erscheinung zu treten. Mit diesem Brief trat mein Mann eines Morgens in das Büro des *Kommenden Tag* in Stuttgart ein, wo Rudolf Steiner, der einige Tage da war, ihn erwartete. Als dieser das Schreiben mit der ihm eigenen Genauigkeit durchgelesen hatte, bemerkte er: ›Na, sehr höflich ist der Brief ja nicht, – aber fahren Sie ruhig wieder zurück!‹ Mein Mann war sehr überrascht, denn diese Weisung war eigentlich eine Unmöglichkeit. Doch Carl nahm sie mit innerem Vertrauen entgegen. Er versuchte zwar noch einmal, Rudolf Steiner die Lage klarzulegen, doch dieser entließ ihn mit den kurzen, in ruhigem Gleichmaß gesprochenen Worten: ›Nein, fahren Sie ruhig zurück!‹ Sogar die Bitte, nun einen detaillierten Anstellungsvertrag mit ihm abzuschließen, hatte Carl nicht mehr vorbringen können. Er hatte seine Arbeit verloren, eine neue hatte man ihm nicht gegeben – es war eine zumindest seltsame Lage. Aber das Vertrauen in Rudolf Steiner war so groß, dass Carl am andern Morgen nach Schlesien abreiste. Dort traf er Verhältnisse an, die er nun doch nicht erwartet hatte: Sein Gehalt und die Lebensmittel von den Gütern waren gesperrt, seine Pferde samt dem Kutscher auf ein anderes Gut gebracht, der Chauffeur war versetzt worden, und der Autoschuppen war leer.

In dieser Situation gehorchte Carl der Stimme, die ihn gewiesen hatte. Er fuhr mit der Bahn am nächsten Morgen nach Klettendorf, ging zu Fuß zur Fabrik und setzte sich in sein Büro. Niemand grüßte ihn, niemand brachte Post oder trat bei ihm ein. Die Angestellten schienen in dieser Richtung einen Befehl erhalten zu haben. Nach Ablauf der Bürostunden fuhr er nachhause zurück. Am nächsten Tag wiederholte sich dasselbe – er war nach Klettendorf gefahren, hatte den Tag schweigend an seinem Schreibtisch zugebracht und auch der dritte Tag brachte dasselbe. Plötzlich jedoch klopfte es, der erste Direktor der Fabrik stand mit blassen Gesicht da und stotterte: ›Herr Graf, eine Deputation der Arbeiter ist gekommen – im Gewerkschaftshaus in Breslau ist der Generalstreik beschlossen worden, wenn Sie nicht sofort Ihren Posten wieder aufnehmen!‹ Carl war sehr ergriffen von dem, was hier zwischen Rudolf Steiner und ihm geschehen war und was in Worten gar nicht zu schildern ist.

Die Folgen dieser Situation übertrafen alle Erwartungen. Nicht nur wurden Carl alle seine Befugnisse zurückgegeben, auch ein neuer Anstellungsvertrag mit voller Arbeitsfreiheit und hohem Einkommen wurde mit ihm abgeschlossen – die unbeschränkte Gewalt meines Vaters war aufgehoben.« (*Koberwitz 1924*, a.a.O., S. 47 ff.)

Man sieht an diesen beiden Beispielen, wie Rudolf Steiner auch in sehr handfesten, lebenspraktischen Angelegenheiten weitblickend, realistisch und mit großer Menschenkenntnis raten konnte.

Alfred Heidenreich (1898–1969)

In der Grundsteinurkunde des ersten Seminarbaues der Christengemeinschaft in Stuttgart ist das Grußwort von *Alfred Heidenreich* festgehalten, das er für diesen Anlass gesprochen hat. Darin berichtete er von einem ermutigenden Rat, den ihm Rudolf Steiner vor der Gründung der Christengemeinschaft auf eine Frage hin gegeben hat.

»Als ich selber vor der Entscheidung stand, ob ich mich an der Begründung der Christengemeinschaft beteiligen sollte, da kam von ihm auf eine Frage die Antwort: ›Fragen Sie nicht, wozu Sie begabt sind, fragen Sie, wo sie gebraucht werden.‹« (Beilage zum Rundbrief 217, Juni 1967, S. 4; unveröffentlicht, Archiv der Christengemeinschaft, IV.4.217)

»Im August 1924, in dem vorletzten Gespräch, das ich mit ihm führen durfte, ergriff Rudolf Steiner selbst die Initiative und begann darüber zu sprechen, dass man Gemeinden der Christengemeinschaft auch in England und Amerika gründen sollte. Soweit ich weiß, hat er das Thema zu keinem anderen Zeitpunkt ins Gespräch gebracht. An die äußeren Umstände kann ich mich lebhaft erinnern. Rudolf Steiner empfing Besucher in seinem Atelier. Dies war eine Art Anbau an die Schreinerei, in der der Hauptteil der Holzarbeiten für das erste Goetheanum gemacht worden war. Nach der Zerstörung des Goetheanum am Silvesterabend 1922 wurde diese Schreinerei erweitert und zu einem behelfsmäßigen Vortragssaal umgebaut. Aber der mittlere Teil des Gebäudes, aus dem heraus Türen nach links in den Vortragssaal führten, diente immer noch als Schreinerei, und nach rechts führte eine Tür in das bescheidene Büro und Arbeitszimmer des Schreinermeisters Rudolf Steiner. Hier stand die hohe Christus-Statue, im unteren Bereich noch nicht ganz vollendet, sprechendes Sinnbild der Kunst des Meisters. In der hinteren Ecke des Raumes befand sich ein kleiner Tisch mit einer Reihe von Büchern und einigen aufgeschlagenen Bänden. An dem einen Ende des Tisches und auch an anderen Stellen standen Rosensträuße, deren Blütenblätter hier und da schon zu Boden gefallen waren und deren Duft den Raum mit dem Geruch süßer Reife füllten. Rudolf Steiner empfing den Besucher an der Tür, dann setzte er sich mitten im Zimmer auf einen etwas zerbrechlich wirkenden Korbstuhl. Ein wenig hinter ihm rechts stand ein weiterer kleiner Tisch mit einem altmodischen Tintengefäß. Der Besucher saß ihm gegenüber. In dem Raum war alles von bescheidenster Art. Hier fand der Hauptteil von Rudolf Steiners ungeheurer Arbeit statt, hier lag er das letzte halbe Jahr seines Lebens auf dem Krankenbett, hier starb er.

Das Gespräch dauerte etwa eine dreiviertel Stunde. Ich durfte einige Fragen zu meinem persönlichen Leben stellen. Nachdem ich fertig war, schien Rudolf Steiner immer noch Zeit zu haben. Ich wagte deshalb, das Thema zu wechseln, und fragte ihn, ob er irgendwelche Chancen dafür sähe, dass unsere Bewegung sich nach Russland ausbreiten könnte. Er schien die Frage nicht besonders ernst zu nehmen. Vielleicht hatte er das Gefühl, dass sie mit keiner sehr ernsthaften Absicht gestellt worden war. Er fing an, mir Geschichten über Rasputin zu erzählen, als ob er mir zeigen wollte, was für ein Mensch man sein müsse, wenn man im modernen Russland Erfolg haben wolle. Dann änderte er seinen Ton, ja seine ganze Haltung abrupt und wurde tief ernst. Er sprach von Mitteleuropa. ›Deutschland wird das Schicksal Griechenlands teilen‹, sagte er. ›Wenn Sie nicht innerhalb von drei Jahren Gemeinden in England und Amerika gegründet haben, werden Sie in Mitteleuropa keine Basis mehr haben.‹

Diese Sätze, bei denen ich den Klang und die Betonung von Rudolf Steiners Stimme genau erinnern kann, waren ein Höhepunkt in den letzten Minuten des Gesprächs. Aus irgendeinem Grund begrub ich sie tief in mir. Ich glaube, ich erzählte niemandem davon, bevor ich längst selbst in England lebte. Und ich bin sicher, dass ich sie in keiner Weise mit mir persönlich in Verbindung brachte. Rudolf Steiner glaubte, Deutschland würde seine politische Autonomie verlieren, würde aufhören, ein ›freies Land‹ zu sein. Und es würden Situationen entstehen, in denen freie geistige Bewegungen nur dann weiterexistieren könnten, wenn sie von England und Amerika aus unterstützt würden.« (*Aufbruch.* Stuttgart 2000, S. 107f.)

In dieser Schilderung ist nicht nur interessant, wie die äußeren Umstände der Gespräche mit Rudolf Steiner in seinen letzten beiden Lebensjahren gewesen sind, sondern wie er einen Menschen auf ein Aufgabengebiet hingewiesen hat, das sein ganzes weiteres Leben bestimmen sollte. Denn Alfred Heidenreich war über 40 Jahre lang, von 1928 bis zu seinem Tode im Jahr 1969, für die Gründung und die Arbeit der Christengemeinschaft in England, Nordamerika und Südafrika unermüdlich tätig. Heidenreichs Frage nach einer Möglichkeit der Arbeit in Russland war der Anlass dafür, dass Rudolf Steiner ihn auf seine eigentliche Schicksalsaufgabe hinwies.

Ein Dreiecksverhältnis

Julie Klima
(1871–1941)

In Ludwig Polzer-Hoditz' Buch *Erinnerungen an Rudolf Steiner* (Dornach 1985) finden sich im Anhang die Erinnerungen von Frau *Julie Klima* aus dem Jahre 1928. Ihr Mann, der einen höheren Posten bei der Polizei in Prag hatte, hatte mehrere Affären mit anderen Frauen. Julie Klima erinnert sich.

»Er war in jener Zeit der Verzweiflung nahe. Nur meine durch Anthroposophie erlangte Kraft und Ruhe hielt ihn aufrecht. Damals bat ich den Meister [so nannte Frau Klima Rudolf Steiner] um eine Unterredung. Sie wurde mir gewährt. Der Meister empfing mich sehr ernst, wieder beinahe streng. Ich bat um Meditationen für meinen Mann und mich. Der Meister gab diese. Ferner sprach der Meister: ›Sie brauchen mir die Affäre nicht zu erzählen, ich weiß genug. Sagen Sie Ihrem Manne, er möge den *Trost der Philosophie* von Boöthius lesen. Wir haben Ihren Mann lieb gewonnen, wir werden an ihn denken.‹ Dankend verabschiedete ich mich und plötzlich fasste ich mir ein Herz und sagte: ›Gestatten Sie mir noch, Herr Doktor, Ihnen zu sagen, dass die ganze Devotion, deren meine Seele fähig ist, Ihnen gehört.‹ Da schmolz die Strenge seines Antlitzes zu wunderbarer Milde, und er sprach: ›Ja, sehen Sie, man muss das der Sache zuwenden.‹ Er reichte mir die Hand und sagte mit seinem schönsten Lächeln: ›Auf Wiedersehen‹, mehrmals diesen Gruß wiederholend.«

Es war wohl kaum vermeidbar, dass Rudolf Steiner die Verehrung vieler Menschen auf sich zog, aber es erscheint bedeutsam und wichtig, wie er immer wieder versuchte, diese Verehrung von sich weg auf ›die Sache‹ – auf die Anthroposophie und die geistige Welt – zu lenken in dem Sinne, wie er es in seinem Schulungsbuch beschrieben hatte: dass die Devotion, die Verehrung gegenüber der Wahrheit, *nicht gegenüber einer Person,* die Vorbedingung für geistige Erkenntnis sei. Verehrung gegenüber Personen ist nur bei Kindern und Jugendlichen positiv und notwendig. Es gehört aber zu den Aufgaben des Erwachsenwerdens, diese Kräfte der Verehrung von Personen weg auf die Wahrheit und ihre Erkenntnis zu lenken.

Frau Klima schreibt weiter:

»Vor ungefähr drei Jahren wurde meinem Manne eine Frau vorgeführt. Er kannte sie bereits vom Sehen, sie ihn auch. Sie hatte ihn für einen Schauspieler gehalten und freute sich nun der Begegnung. Sie war von außerordentlicher Schönheit. Sie wurde täglich von ihm verhört. Dabei ließ sie alle ihre Verführungskünste spielen bis zum Gelingen. Die Tragödie begann. Mein Mann war in furchtbaren Banden, denn sie war schwer hysterisch. Drei Jahre trug er sein bitteres Los, bevor ich davon erfuhr. Das ging so zu: ich sollte zu dem Münchener Zyklus [von Vorträgen Rudolf Steiners] fahren, worauf ich mich unsäglich freute, denn ich hatte noch keinen Zyklus erlebt. In der Nacht vor der Abreise träumte mir, dass mein kürzlich verstorbener Schwiegervater mich vor der Reise warnte. Ich gehorchte dem Traum und fuhr nicht. Ich ging bloß auf den Bahnhof, um es den Damen mitzuteilen, die mit mir fahren sollten. Diese waren indigniert und erzählten mein Verhalten in München. Gräfin Polzer sagte dem Meister mit einem gewissen ironischen Spott, dass ich mich von einem Traum hätte abhalten lassen, zum Zyklus zu kommen. Der Meister antwortete ihr: ›Sie wird schon Recht haben, der Traum wird erst seine Bedeutung bekommen.‹ Am selben Tage, da ich nicht nach München fuhr, kam ich zur Überzeugung, dass mein Dienstmädchen, das ich seit sechs Jahren bei mir hatte und sehr liebte, eine Diebin sei. Sie hatte Komplizen, die sie verführt hatten. Am nächsten Tag, es war der 1. Mai, teilte ich dies meinem Gatten mit. Der lud die Komplizen sofort vor. Aus Rache verriet mir nun mein Dienstmädchen, dass mein Mann das Verhältnis mit jener Frau habe. Es wusste davon, weil die Frau, wenn ich abwesend war, sogar in die Wohnung eindrang.

Nach dieser Enthüllung war es mir im ersten Augenblick, als hätte ich einen Schlag auf den Kopf bekommen; ich fiel auf einen Stuhl nieder, fasste mich aber sofort. Da kam plötzlich mein Mann zu einer Zeit, da er sonst nie zu kommen pflegte. Er sah sofort, dass mir etwas begegnet sei. Auf seine Frage sagte ich, was ich erfahren hatte. Da ging ein Zittern durch seinen ganzen Körper, und mich fasste ein tiefes Mitleid. Ich sprach: ›Warum regst du dich auf, ich habe nichts dagegen.‹ Als er dies hörte, stürzten Tränen aus seinen Augen. Und nun erzählte er mir alles, was er in den drei Jahren gelitten. Er wusste, dass ein Geständnis sein Schicksal erleichtert hätte; er legte es sich jedoch als Buße auf, mich zu verschonen. Er wollte sich in der Verzweiflung das Leben nehmen; ein so genannter Zufall rettete ihn davor. Er wollte sich des Öfteren aus den Banden dieser Frau befreien, aber es war unmöglich. Es lässt sich gar nicht schildern, was für Szenen er täglich erleben musste. Nach beendetem Bekenntnis entgegnete ich: ›Ich werde dich befreien, aber nur durch Evolution. Sie braucht vorläufig nicht zu wissen, dass ich um das Verhältnis weiß, es muss weiterbestehen, es lässt sich nur durch Liebe lösen.‹ Von diesem Augenblicke an war mein Mann Anthroposoph. Bislang konnte er zu seinem größten Schmerz nicht an die Anthroposophie herankommen. Ich durfte nie mit ihm über Anthroposophie sprechen. Ein Augenblick brachte die Wandlung. Es folgte eine schöne Zeit. Er fragte viel, und nun konnte ich nach Herzenslust mit ihm von Anthroposophie und unserem großen Meister sprechen.

Das war die Beichte, die mein Mann zwei Monate nachher dem Meister ablegte. Der Meister ließ sich so vernehmen: ›Es ist ein Glück, dass ihre Frau die Sache so gut verstanden hat.‹

Nun muss ich noch erwähnen, dass es nicht mein Verdienst ist, dass ich die Sache so gut verstanden habe. Das kam so: Mein Mann liebte vorher jahrelang eine Frau, auf die ich sehr eifersüchtig war. Sie war mir eine liebe Freundin gewesen; und ich empfand das Verhältnis mit meinem Manne nun als furchtbare Enttäuschung beiderseits. Das Verhältnis wurde dadurch gelöst, dass diese Frau verlangte, mein Mann solle sich von mir und unserem Kinde trennen und in Amerika mit ihr weiterleben. ›Alles oder nichts!‹ Sie stellte ihm ihr ganzes großes Vermögen zur Verfügung. Erst nach Lösung dieses Verhältnisses gestand mir mein Mann, dass er einmal beim Meister gewesen sei und ihm auch diese Sache gebeichtet habe, indem er es ganz von seinem Ratschluss abhängig gemacht habe, ob er das Verhältnis lösen solle oder nicht. Der Meister antwortete: ›Solche Verhältnisse soll man nie plötzlich abbrechen. Sie müssen die Kraft aufbringen, dass die beiden Frauen Freundinnen werden.‹ Das hat mein Mann damals nicht verstanden. Mir aber wurde dieser Weisheitsspruch zum Leitstern bei dem nächsten Fall. Dieses erzählte ich dem Meister und wie unendlich dankbar ich ihm sei. Darauf antwortete er: ›Ja, das glaube ich Ihnen.‹ Der Meister versprach meinem Gatten, dass er an ihn denken werde, und erläuterte, wenn es ihm einfalle, an jemanden zu denken, dann nehme er sich vor, es in 5 Minuten zu tun. Auf die Bitte meines Mannes empfing der Meister auch jene Frau. Er sagte ihr, sie solle fleißig Tolstoi, ihren Liebling, lesen und die Werke von Jean Paul. Vom Meister erfuhr sie, dass ich um das Verhältnis wisse. Er riet ihr, viel mit mir zu verkehren.

Am letzten Tage seines Aufenthaltes in Prag empfing er mich. Des Öfteren vorher sprach er zu mir: ›Ich habe nicht vergessen, dass Sie mich um eine Unterredung baten!‹ Vor derselben wartete der Meister bereits in der Vorhalle des Hotels auf mich. Ich bat ihn, zu der Unterredung auch Frau Dr. Steiner zu bitten. Das tat ich aus großer Verehrung für sie, um ihr zu zeigen, dass ich auch ihr ein großes Vertrauen entgegenbringe. Meine Bitte wurde gewährt. Der Meister sprach zu mir: ›Ihr Fall ist eine Tragödie. Aber wollen Sie denn keine Tragödien erleben? Nur banale Menschen erleben keine Tragödien. Ihr Schwiegervater hat seine Hände dabei im Spiel, denn wenn Sie die Sache nicht erfahren und nicht so gut gelöst hätten, dann wäre Ihr Mann jetzt einer schweren Krankheit verfallen. Das Temperament ihres Mannes brauchte das. Die Sache ist karmisch und hängt mit einem früheren Leben zusammen. Sie dürfen nie vergessen, dass die Frau schwer krank ist, eine Heilung ist jedoch nicht ausgeschlossen; sie liegt in Ihren Händen. Schon Molière behandelt solch einen Fall in dem

Stück *Der Hausfreund* (Tartuffe). Der Hausfreund schließt das Dreieck der Ehe. Man wird schon sehen, wohin das führt.‹

Nun wendete sich der Meister Frau Dr. Steiner zu, indem er zu mir sprach: ›Die Frau Dr. versteht das nicht.‹ Darauf erhob sich Frau Dr. Steiner bald und ging ins Nebenzimmer. Da sprach der Meister: ›Weil Sie den Fall auch der Frau Doktor erzählten, darf sie davon wissen, *ich* hätte es ihr nicht erzählen dürfen.‹ Nun schilderte ich dem Meister meine furchtbaren Angstzustände, mit denen ich seit Jahren Nacht für Nacht jäh aus dem Schlafe erwachte und immer das Gefühl habe, sterben zu müssen. Da sagte der Meister: ›Denken Sie einmal nach, was das sein könnte!‹ Ich entgegnete nach einer kleinen Pause, dass ich nicht wisse, was das sein könne. Darauf der Meister eindringlich: ›Aber so denken Sie doch ordentlich nach!‹ Ich gehorchte, und nach einer Weile fragte ich: ›Sollte das am Ende jene Frau sein?‹ Da rief der Meister lebhaft: ›Ja, ja – das sind die Gedanken jener Frau. Sie wünscht Ihnen den Tod, und den erleben Sie jede Nacht. Aber das wird von jetzt an nicht mehr sein, denn jetzt haben Sie das Gegenmittel.‹ Es war auch wirklich so. Ich war befreit von diesen furchtbaren Erlebnissen. Täglich dachte ich an die Frau mit folgender eigener Meditation, immer zur selben Stunde:

Finde dein Ich,
erkenne das Du,
erfasse das Wir.
Das Menschensein – die Nächstenliebe,
Dein Wesenskern der Christus-Glaube.

Dann sagte Rudolf Steiner noch in Bezug auf diese Frau: ›Wenn Sie es einmal dahin bringen sollten, dass sie die *Erkenntnisse* liest [gemeint ist das Buch *Wie erlangt man Erkenntnisse der höheren Welten?*], dann ist viel geschehen.‹

Bevor ich fortfahre, meine Erinnerungen an den Meister weiter zu schreiben, will ich nur kurz den weiteren Verlauf der Tragödie und deren Wandlung schildern. Jene Frau verkehrte dann täglich bei uns, und schließlich nahm ich sie als Familienmitglied auf, ich verzichtete auf alle Gattenrechte. Leider vergaß ich oft, dass sie eine Schwerkranke war, denn ich hatte furchtbar durch ihre Eifersucht zu leiden. Nur der Anthroposophie und der Liebe und Hochachtung meines Gatten habe ich es zu danken, dass ich alles ertrug. Aber auch er hatte nicht minder zu leiden. 10 Jahre war sie bei uns, bis zum Tode meines Gatten. Zuerst lehrte ich sie arbeiten: Kochen, Nähen, Handarbeiten aller Art. Nach und nach kamen schöne Fähigkeiten zu Tage. Kurz vor seinem Tode sagte mein Mann einmal zu mir: ›Du hast doch viel erreicht, dass Du einen Menschen aus ihr gemacht hast.‹ Ich war ihre einzige Autorität. Die *Erkenntnisse* hatte sie längst gelesen.«

Dieses Beispiel von Rudolf Steiners Seelsorge kann man ganz gewiss nicht verallgemeinern, indem man etwa sagen würde: Bei einem Dreiecksverhältnis müsse man den Nebenbuhler in den eigenen Haushalt aufnehmen. Aber es ist doch sehr lehrreich, wie Rudolf Steiner Frau Klima geholfen hat, ein schwieriges Schicksal nicht nur zu meistern, sondern sogar zu verwandeln.

Der Ratende

Es wird immer wieder betont, Rudolf Steiner habe nicht in den Willen und die Schicksale der Menschen von sich aus eingegriffen. Das ist aber nur sehr bedingt richtig. Davon sollen im Folgenden einige Beispiele gegeben werden.

Hermann Fackler (1886–1978)

Hermann Fackler, geboren 1886, war evangelischer Pfarrer in Rheinfelden, Baden. 1920 im Herbst lernte er Dornach und die Anthroposophie kennen und nahm im Herbst 1921 am zweiten Theologenkurs Rudolf Steiners teil. Der Nachschrift des ersten Theologenkurses hatte er entnommen, dass Rudolf Steiner ursprünglich auch die Möglichkeit sah, aus einem Pfarramt in der Kirche heraus eine neue Gemeinde zu gründen. So bat er nach seiner Weihe zum Priester in der Christengemeinschaft am 16. September 1922 Rudolf Steiner um ein Gespräch.

»Mich bewegte damals der Gedanke, ob es nicht möglich wäre, in meiner letzten Pfarrstelle, Badisch Rheinfelden, mit der Arbeit zu beginnen, besonders nachdem ich von dort ermunternde Zustimmung zu diesem Plan erhalten hatte. Da ich innerlich damit nicht zurande kam, beschloss ich, die Sache Dr. Steiner selbst vorzutragen. Er gewährte mir eine kurze Unterredung in der Schreinerei. Ich trug ihm mein Anliegen vor, worauf er mich etwas erstaunt anschaute und dann sagte: ›Ich kann Ihnen nur davon abraten; Sie können doch nicht Ihr eigener Gegner werden.‹ Ich sagte ihm dann noch, dass ich auch an eine freie Gemeindebegründung in Konstanz gedacht hätte, worauf er meinte: ›Ja, ja, das wird schon richtig für Sie sein.‹«

So ging Hermann Fackler nach Konstanz und gründete dort zu Weihnachten 1922 die Gemeinde der Christengemeinschaft. (unveröffentlicht, Archiv der Christengemeinschaft, I.1.13)

Ludwig Kleeberg (1885–1972)

Ludwig Kleeberg, ein Student aus Marburg, der schon im ersten Jahrzehnt des 20. Jahrhunderts zur Anthroposophie gefunden hatte, schrieb als einer der Ersten seine Erinnerungen an Rudolf Steiner auf, die unter dem Titel *Wege und Worte* 1928 in Basel erschienen. In diesen Erinnerungen, die sehr zuverlässig sind, da sie auf Tagebuchnotizen und Briefen Kleebergs beruhen, finden sich viele interessante Einzelheiten über das Leben der Theosophischen Gesellschaft vor 1912 und viele Äußerungen aus persönlichen Gesprächen mit Rudolf Steiner. Unter anderem erwähnt Ludwig Kleeberg ein Gespräch mit Rudolf Steiner vom 15. Januar 1907 in Kassel, in dem sie auf den Katholizismus zu sprechen kamen.

»Mir gab es Anlass, den Katholizismus zu lobpreisen, der doch eines Augustin Nährboden war. Ja, ich ließ durchblicken, dass ich zum Katholizismus eine starke Neigung empfände und auch deren Konsequenz zu ziehen bereit sein werde. Da riet er mir aufs Entschiedenste ab. Mit dem Katholizismus sei noch weniger anzufangen als mit dem Protestantismus. Es käme sogar darauf an, Katholizismus oder Christentum wieder in den Protestantismus hineinzutragen. Außerdem befürchtete er Nachteile für mich ... Jedenfalls sei es unmöglich, Theosophie in den heutigen Katholizismus hineinzutragen. Das war nun zwar ein kalter Wasserstrahl auf meinen katholisierenden Enthusiasmus. Jedoch bewog ich Frau Sch., mit der ich dieses Thema oft behandelte, noch einmal, als sie zu ihm ging, die Frage zu stellen, ob sich ein Schritt in die *Una Sancta* empfehlen würde. Er hat ihr dasselbe gesagt wie mir und durchaus abgeraten.« (S. 160)

Diese Haltung Steiners belegt ein weiteres Mal, wie entschieden er zu Fragen persönlicher Schicksalsentscheidungen Stellung nahm. Aber war das ein Eingriff in die Freiheit Ludwig Kleebergs? Als dieser fünf Jahre später, nachdem er in die katholische Kirche eingetreten war, am 29.1.1912 wieder mit Rudolf Steiner sprach und ihm von seinem Übertritt berichtete, hat dieser jenen Schritt nicht etwa verurteilt, nicht einmal beurteilt: »Dann fühlte ich mich gewiss wohl innerhalb der katholischen Kirche und nehme an ihren Segnungen teil, sagte er. Nur möge ich persönlichen Einflüssen, etwa der Beichtväter, nicht nachgeben. Denn auch diese seien Menschen. Aber das Wunderbare in der katholischen Kirche sei eben, dass ein Priester persönlich ein schlechter Mensch sein könne; sobald er aber die Stola antue und vor der Brust kreuze, wäre er ein Werkzeug Gottes. Man könne wohl unterscheiden zwischen Katholizismus und katholischer Kirche. Deshalb solle ich nicht persönlichen Einflüssen nachgeben.«

Das Gespräch wandte sich dann der Vereinbarkeit von Katholizismus und Theosophie zu, und Kleeberg fährt fort: »Ich musste ihm also beipflichten, dass man als Katholikus wohl in der Theosophischen Gesellschaft bestehen könne. Er betonte auch, wie er solchen, die ihn um Rat fragten wegen ihres Austrittes aus der Kirche, immer erklärt habe: Als Katholik könne man nicht aus der Kirche austreten, denn das sei unmöglich. Man könne nur exkommuniziert werden, der Austritt aber sei nach der Verfassung der Kirche unmöglich. Und ein Widerspruch zwischen Katholizismus und Theosophie bestehe also nicht.« (S. 327 ff.)

Hieraus wird ersichtlich, dass Rudolf Steiner die persönlichen Entscheidungen der Menschen selbstverständlich anerkannt und damit die Freiheit des Einzelnen nicht angetastet hat.

Paul Klein, 1924 (1871–1957)

Paul Klein, geboren 1871, gestorben 1957, war ein evangelischer Pfarrer von großer Wirksamkeit in Mannheim. Durch Vermittlung von Michael Bauer lernte er Rudolf Steiner kennen, studierte seine Bücher und wurde noch vor dem Ersten Weltkrieg Anthroposoph und persönlicher Schüler Rudolf Steiners. Er hatte ein cholerisches Gemüt und war wegen einer schwierigen leiblich-seelischen Konstitution oft auf Rat und Hilfe Rudolf Steiners angewiesen (siehe: Gerhard Klein, »Pfarrer Paul Klein und Rudolf Steiner« in: *Erinnerungen an Rudolf Steiner*). Sein Sohn Gerhard Klein schildert:

»Und doch trat Dr. Steiner – es war wohl Herbst 1921 – einmal aus seiner Zurückhaltung heraus und fragte direkt: ›Sagen Sie mal, lieber Pfarrer, was wollen Sie eigentlich noch in der badischen Landeskirche?‹ Die Antwort lautete: ›Solange ich drin bin, ist der Christus drin.‹ Dr. Steiner gab aber zu bedenken: ›Da haben Sie völlig recht. Aber es gibt ein okkultes Gesetz, dass, wenn jemand auf dem geistigen Plan eine Institution beherrscht, muss man ihm auf dem physischen Plan eine entsprechende, führende Stellung einräumen. Sonst ergeben sich für den Betreffenden Schwierigkeiten.‹ Nun, sieben Jahre später schon brach Pfarrer Paul Klein mitten in einer Karfreitagspredigt auf der Kanzel zusammen. Er erholte sich wieder, aber gab dann im Jahre 1930 plötzlich sein Amt auf. Manchen Menschen konnte er noch Helfer und Wegweiser sein.« (S. 141)

An diesem Beispiel sieht man, dass Rudolf Steiner auch ganz von sich aus durch Fragen in das Schicksal eines Menschen eingriff, aber man sieht auch an der Antwort von Paul Klein, dass dieser in seiner Souveränität und Selbstbestimmung durch diese Frage in keiner Weise beeinträchtigt wurde.

Ein anderes Beispiel gibt der evangelische Pfarrer *Christian Geyer*, der Freund Friedrich Rittelmeyers, der sich während des ersten Weltkrieges intensiv mit der Anthroposophie beschäftigte und dann 1919 in zweiter Auflage seine kleine Schrift *Theosophie und Religion* erscheinen ließ, in der er eine sehr wohlwollende kurze Darstellung der Anthroposophie gibt. In diesem Buch schreibt Geyer:

Christian Geyer (1862–1929)

»Als ich, unter dem Eindruck einiger Schriften Steiners und einiger persönlicher Eindrücke von seinen Anhängern, Steiner zum ersten Male besuchte, da sagte ich etwa zu ihm: ›Ihre okkulten Lehrern interessieren mich nicht; mag an diesen Dingen etwas Wahres sein, ich habe die Empfindung, dass dies Gebiet für mich gefährlich und schädlich ist, und jedenfalls geht mein Interesse nach anderer Richtung; aber ich habe den Eindruck, dass Sie über die innere Entwicklung des Menschen manches wissen, was ich nicht weiß, und darüber möchte ich mit Ihnen reden.‹ Es ist nicht ohne Bedeutung, wenn man bei solchen Gesprächen Steiner als einen Mann von völliger geistiger Gesundheit und Klarheit, Nüchternheit und Ruhe, sowie von großer persönlicher Bescheidenheit und Selbstlosigkeit kennenlernt. Im Lauf des Gesprächs sagte Steiner unter anderem: ›Für Sie würde es gut sein, wenn sie folgende seelische Übungen machten.‹ Aber ›Übungen‹ auf dem Gebiet des Seelenlebens? Das war mir etwas ganz Fremdes. Zugleich schienen mir die Ratschläge so seltsam, dass ich wochenlang mich nicht überwinden konnte, an die Sache heranzugehen. Erst allmählich siegte die Überlegung, dass ja ein Versuch zur unbefangenen Beurteilung unerlässlich sei und einem vorsichtigen Menschen jedenfalls nicht schaden könne. Seitdem habe ich – gegenüber den vielen weit verbreiteten Missverständnissen und Verkennung muss ein solches persönliches Bekenntnis heute abgelegt werden – durch Steiners Übungen gerade die Gesundheit der Nerven wiedergefunden, die Arbeitskraft aufs Doppelte gesteigert, eine bis dahin ungeahnte Vergeistigung des Lebens bis ins Körperliche hinein kennengelernt, tiefe Blicke in die ganze Technik des geistigen Geschehens und der geistigen Entwicklung getan und so Vieles von dem Unerhörten, was Steiner behauptet, bestätigt gefunden, dass ich gegen das, was ich nicht nachzuprüfen vermag, vorsichtiger und vorsichtiger geworden bin. In diesen Andeutungen liegt eine Fülle von Erlebnissen beschlossen, über die nun nicht weiter geredet werden soll.«

Bemerkenswert an diesem Erlebnis ist, dass Rudolf Steiner Christian Geyer etwas geraten hat, wonach er gar nicht gefragt hatte – im Gegensatz zu den vielen anderen, die Rudolf Steiner um eine Meditation gebeten haben. Ein solches Vorgehen würde heute von vielen Beratern als unberechtigt angesehen. Aber man sieht an Christian Geyers Schilderung, dass dieser sich in seiner Freiheit nicht angetastet fühlte, sondern das Angeratene vorurteilslos an sich selber prüfte. Später hat er dann in öffentlichen Vorträgen genauer die Wirkungen dieser von ihm »Seelengymnastik« genannten Übungen auf sein Seelenleben geschildert. In der Folge war er in den Vorbereitungen der Gründung der Christengemeinschaft 1921/22 aktiv tätig, konnte sich dann aber doch nicht entschließen, sein Pfarramt aufzugeben.

Gertrud Spörri (1894–1968)

Schwerer wiegend und tiefer greifend erscheint der Rat, den Rudolf Steiner der ersten Priesterin der Christengemeinschaft, *Gertrud Spörri,* die über viele Jahre hinweg mit ihm über ihre Lebenswege gesprochen hatte, im Jahre 1923 gab. Gertrud Spörri hatte sich im November 1923 mit einem sieben Jahre jüngeren Priesterkollegen verlobt. Dies wollte sie Rudolf Steiner mitteilen und fragen, ob er ihr dazu etwas Besonderes sagen wolle. Das Gespräch fand wenige Tage vor der so genannten ›Weihnachtstagung‹ am 19.12.1923 in Stuttgart statt. Ihrem Verlobten schrieb sie noch am gleichen Tage von diesem Gespräch. In diesem Brief heißt es als Antwort Rudolf Steiners: »Nein, nichts Besonderes zu dem, was Sie als Aufgabe haben. Die Gestaltung des äußeren Lebensschicksals liegt nicht in unserer Hand. Die Schwierigkeiten entstehen erst, wenn auch in dieser Seite der Frage Entscheidungen da sind. Es wäre zum Beispiel nicht gut, wenn Sie durch irgendwelche eintretenden Verhältnisse den Priesterberuf aufgeben müssten, der steht über dem persönlichen Beruf.« (unveröffentlicht, Archiv der Christengemeinschaft, I.1.4)

Auf Nachfrage von Gertrud Spörri bestätigte Rudolf Steiner, dass er eine Aufgabe des Priesterberufes wegen Schwangerschaft und Kindern meinte: »Sie sind die erste Priesterin, bei Ihnen sollte es nicht sein, dass Sie den Priesterberuf aufgeben müssen; bei Ihren Nachfolgerinnen ist es eine ganz andere Sache, bei Ihnen, weil Sie einen neuen Anfang bilden, sollte es nicht sein. Ich will nicht in Ihr Schicksal eingreifen – vor allem nicht da, wo es Herzensschicksal ist – durch das, was ich sagte.«

Dieser Rat kann heute leicht als massiver Eingriff in die Freiheit eines Menschen verstanden werden. Aber Gertrud Spörri selber empfand ihn als vollkommenen Ausdruck ihres eigenen Empfindens und Wollens und konnte ihn sich erstaunlich schnell ganz zu eigen machen.

Aus dem historischen Abstand von 90 Jahren kann man den Rat Rudolf Steiners gut verstehen, da es damals eine Ungeheuerlichkeit war, dass eine Frau christliche Priesterin geworden war. Es gab zwar noch zwei andere Priesterinnen, aber Gertrud Spörri war nicht nur durch ihre geistige und seelische Größe die bedeutendste unter ihnen, sondern sie gehörte auch der damaligen Leitung der Christengemeinschaft, dem Kreis der sieben Lenker und Oberlenker als einzige Frau an, und war so für die junge Bewegung eine wesentliche Repräsentantin. So kann es verständlich sein, dass Rudolf Steiner eine Eheschließung und Mutterschaft im Falle von Gertrud Spörri als eine Schwierigkeit für die gerade neu gegründete Christengemeinschaft ansehen musste.

Man kann daran auch deutlich sehen, wie individuell Rudolf Steiner seinen Rat gab, indem er ausdrücklich betonte, dass er nicht für alle Priesterinnen in Zukunft gelten könne. Es ist wichtig zu wissen, dass er sich nicht für einen Zölibat für Priesterinnen ausgesprochen hat, was in der Christengemeinschaft später manchmal vertreten worden ist.

Der Freilassende

Diese Frage, ob eine Priesterin verheiratet sein könne, bewegte besonders auch *Marta Heimeran*, eine der drei ersten Priesterinnen der Christengemeinschaft, die mit einem anderen Gründer, Alfred Heidenreich, bereits seit zwei Jahren verlobt war, als die Gründung stattfand. Zunächst stand diese Aufgabe so sehr im Vordergrund, dass an eine Heirat nicht gedacht werden konnte. Aber die Frage brannte Marta Heimeran so sehr auf der Seele, dass sie Rudolf Steiner noch im September 1924, nach dem Kurs über die Offenbarung des Johannes, um ein Gespräch bat. Außerdem wollte sie ihm von den Fortschritten in ihrer gesundheitlichen Situation berichten. In ihren Erinnerungen von 1942 schrieb sie:

»Endlich öffnete sich die Türe aus dem Atelier in die Schreinerei, wo wir vereinzelt in uns versunken hockten. ›Marta Heimeran‹ rief eine Stimme, zart und vorsichtig. Jemand – oder war es Frau Dr. Wegman – empfing mich an der Türe. ›Nun kommen sie nur herein.‹ Da saß der verehrte Lehrer, recht müde und wartend. ›Nun? Wie geht es mit dem Zelebrieren?‹ Er war gleich im Bilde. Ich hatte ja im Sommer nicht mehr viel zelebriert und war nach Dornach ja sehr viel erholter. So hatte ich keinerlei Schwierigkeiten mehr ... Dr. Steiner war befriedigt und kam sehr schnell auf Heidenreich zu sprechen. ›Ja, ich beobachte euch schon lange. Es ist ja eine objektive Verbindung durchaus da und das Heiraten, ja muss es denn sein?‹ (Ich glaube, so ähnlich fragte er, leise lächelnd.) ›Mit dem Priestertum an sich hat das ja nichts zu tun, wenn nur die priesterliche Würde gewahrt bleibt. Auch eine Schwangerschaft braucht kein Hindernis zu sein. Es kommt dabei auf die Körperkräfte an. An sich kann bis zum letzten Tag vor der Geburt zelebriert werden.‹ (Diese so schwer wiegenden Worte kann ich nicht mehr wörtlich genau aufschreiben. So etwa sind sie mir heute noch in den Ohren und im Gedächtnis. Es könnte wohl sein, dass ich in der Erinnerung etwas, das zu Heidenreich gesagt war, mit diesem Gespräch jetzt verquicke.) Jedenfalls sprach Dr. Steiner sehr ernst und bedächtig, als schöbe er mit jedem Wort Zentnerlasten vor sich her, die sich in der Geschichte der Menschheit angehäuft hatten. Als bahne er ganz, ganz neue Wege ... Ich war so froh, dass es zu diesem Gespräch noch gekommen war. Dr. Steiner sah so müde, so furchtbar belastet aus ... Verpflichtend im tiefsten war dieses Gespräch, es war richtig, dass es stattgefunden hatte trotz der Anstrengung, die es den geliebten Lehrer gekostet haben mag ...« (unveröffentlicht, Archiv der Christengemeinschaft, S. 98 ff., I.1.23)

Marta Heimeran berichtet in ihren Erinnerungen auch von dem Gespräch, das *Alfred Heidenreich* mit Dr. Steiner diesbezüglich in jenen letzten Tagen des September 1924 hatte und von dem er ihr berichtet hat:

»Alfred Heidenreich fragte Dr. Steiner: ›Hätten sie uns noch einen besonderen Rat zu geben, wenn wir uns entschließen würden, eine Ehe einzugehen?‹ Dr. Steiner etwa: ›Ja, eine besondere Verbindung zwischen Ihnen ist ja tatsächlich vorhanden. Ich habe mich mit Ihrer beider Schicksal beschäftigt. Sie müssen selbst entscheiden, ob Sie diesen Schritt wagen wollen. Alle meine guten Wünsche werden Sie jedenfalls begleiten.« (Marta Heimeran, Erinnerungen 1942, unveröffentlicht, Archiv der Christengemeinschaft, S. 105, I.1.23)

An diesen beiden Berichten scheint mir besonders beachtenswert zu sein, wie Rudolf Steiner zu beiden Verlobten sich einerseits ganz freilassend verhielt (»Sie müssen selbst entscheiden«) und gleichzeitig ganz zart und feinfühlig eine Frage durchblicken ließ: gegenüber Marta Heimeran die mit einem leisen Lächeln verbundene Frage: »Heiraten, ja muss es denn sein?« und Heidenreich gegenüber: »... ob Sie diesen Schritt *wagen* wollen«. Diese leisen Fragen an das Schicksal der beiden bekommen ein besonderes Gewicht, wenn man überschaut, wie schwer sich die beiden mit dem Entschluss zur Ehe taten (es dauerte fast 10 Jahre von ihrer Verlobung bis zur Eheschließung) und dass diese Ehe nach 10 Jahren praktisch zu Ende war. Trotz seiner leisen Skepsis begleitete Rudolf Steiner die beiden mit seinen guten Wünschen.

Der persönliche esoterische Lehrer

Noch bevor Rudolf Steiner das Amt eines Generalsekretärs der Theosophischen Gesellschaft in Deutschland im Herbst 1902 übernahm, charakterisierte er in einem Brief an Wilhelm Hübbe-Schleiden vom 16. Augusts 1902 seine eigene Intention in dieser Gesellschaft: »Ich will auf die Kraft bauen, die es mir ermöglicht, ›Geistesschüler‹ auf die Bahn der Entwicklung zu bringen. Das wird meine Inaugurationstat allein bedeuten müssen.« (Rudolf Steiner, Briefe Bd. 2, Dornach 1953, S. 270)

Es gehört zwar nicht zur Seelsorge, was Rudolf Steiner – besonders im ersten Jahrzehnt seiner theosophischen Wirksamkeit – an individueller Beratung seinen persönlichen Schülern auf esoterischem Gebiete zuteilwerden ließ. Aber es machte doch einen großen Teil seiner persönlichen Gespräche mit Mitgliedern seiner esoterischen Schule aus. Es war die Zeit, in der er in Anknüpfung an alte spirituelle Gepflogenheiten noch die Notwendigkeit sah, seine Schüler als persönlicher Lehrer zu begleiten. Später hat er dies immer mehr abgebaut und für nicht mehr unbedingt nötig erklärt, weil alles für den esoterischen Erkenntnisweg Notwendige in seinen Schulungsbüchern enthalten sei. Die alte unbedingte Treue und Loyalität zu einem Guru, wie sie in der orientalische Schulung selbstverständlich ist, sollte durch individuelle Verantwortung abgelöst werden. Damit sollte aber auch die Abhängigkeit von einem solchen Lehrer durch die Freiheit des Individuums ersetzt werden. Trotzdem haben auch in späteren Jahren viele seiner Schüler ihn in den Fragen des Schulungsweges und der spirituellen Arbeit um Rat gebeten.

Marie Steiner (1867–1948)

Marie von Sivers war die erste esoterische Schülerin Rudolf Steiners. Schon bevor er im Rahmen der Theosophischen Gesellschaft eine esoterische Schule gründete, gab er ihr privat esoterische Anweisungen und Lehrstunden, denn er schätzte sie nicht nur als Mitarbeiterin wegen ihrer organisatorischen Tatkraft im Aufbau der Gesellschaft, sondern hielt sie auch für prädestiniert für eine esoterische Schulung. Einen kleinen Einblick in diese Schulung gewährt uns eine Schilderung, die Marie Steiner im Nachrichtenblatt »Was in der Anthroposophischen Gesellschaft vorgeht« (2. Jahrgang, Nr. 34 vom 23. August 1925, S. 135) gegeben hat:

»Neben der öffentlichen Vortragstätigkeit, die er, nachdem er sich auf deren Ansuchen mit der [Theosophischen] Gesellschaft verbunden hatte, für diese entfaltete, und neben seiner Tätigkeit für die Zuhörer der Arbeiter-Bildungsschule und der Freien Hochschule hielt er interne Vorträge für die wenigen, aber an Zahl schnell wachsenden Mitglieder der Theosophischen Gesellschaft in Berlin, und in liebevollster und eingehendster Weise auch für die Menschen seiner unmittelbaren Umgebung. Er führte sie sacht heran zu dem Verständnis des Geistes in seiner Konkretheit, seinen mannigfachen Ausdrucksarten innerhalb hierarchischer Wesenhaftigkeit. So gab er mir eine Fülle von Unterricht, anknüpfend zunächst an die indische Terminologie, die ich mir durch Bücherstudium erworben hatte, bald aber mich hinüberführend zu den Formen abendländischer Begrifflichkeit. Es durfte meine mich in den Sommermonaten besuchende Freundin daran teilnehmen. Wir wurden auch eingeführt in die Geheimnisse der goetheschen Farbenlehre, mithilfe einer Kerze und eines weißen Papierbogens als Demonstrationsobjekten. ›Hätte ich 10.000 Mark, um mir die nötigen Instrumente zu kaufen, würde ich der offiziellen Wissenschaft die Wahrheit der goetheschen Farbenlehre beweisen‹, sagte er.«

Was wir darüber hinaus über diese private Schulung wissen, hat Hella Wiesberger zusammengefasst in dem Band *Marie Steiner-von Sivers – Ein Leben für die Anthroposophie* (siehe auch: GA 262, S. 53–65).

Mathilde Scholl gehörte zu den allerersten Mitgliedern der Theosophischen Gesellschaft, die sich Rudolf Steiner anschlossen und auch sogleich um seine esoterische Belehrung und Führung baten. Wie intensiv Rudolf Steiner sie durch Briefe und Gespräche begleitete und beriet, hat Ekkehard Meffert eindrucksvoll dokumentiert. (*Mathilde Scholl und die Geburt der Anthroposophischen Gesellschaft 1912/13*, S. 65 ff.; die Briefe Rudolf Steiners an Mathilde Scholl finden sich in GA 264, Seite 42–99.)

Mathilde Scholl (1868–1941)

Michael Bauer
(1871–1929)

Michael Bauer war einer der wenigen esoterischen Schüler Rudolf Steiners, der auf dem anthroposophischen Erkenntnisweg zu eigenständigen geistigen Wahrnehmungen gelangte. Er erhielt von Rudolf Steiner nicht nur schriftlich, sondern auch in mündlichen Gesprächen die dafür notwendigen Ratschläge und Hilfen. Diese ließ ihm Rudolf Steiner auch zuteilwerden für seine Lebensentscheidungen und gesundheitlichen Probleme. Friedrich Rittelmeyer hat schon 1928 in seinem Buch *Meine Lebensbegegnung mit Rudolf Steiner* von Michael Bauers esoterischen Bemühungen und übersinnlichen Erfahrungen unter anderem mit Verstorbenen geschrieben (Stuttgart [13]2015, S. 12ff.). Ausführliche Darstellungen finden sich in folgenden Schriften: Margareta Morgenstern, *Michael Bauer. Ein Bürger beider Welten.* Stuttgart 1950; Kurt von Wistinghausen, *Michael Bauer. Menschentum und Freiheit.* Stuttgart 1971; Christoph Rau, *Michael Bauer. Gesammelte Werke.* Fünf Bände. Stuttgart 1985–97; sowie Christoph Rau: *Michael Bauer. Sein Leben und seine Begegnung mit Friedrich Rittelmeyer.* Dornach 1995; Peter Selg, *Michael Bauer. Ein esoterischer Schüler Rudolf Steiners.* Dornach 2006.

Friedrich Rittelmeyer hat in seinem bereits erwähnten Buch *Meine Lebensbegegnung mit Rudolf Steiner* aus dem Jahr 1928 ausführlich von seinen Gesprächen mit Rudolf Steiner geschrieben. Für ihn waren die Ratschläge, die er für sein inneres meditatives Leben erhielt, der wichtigste Zugang zur Anthroposophie. Denn sie erwiesen ihre Fruchtbarkeit dadurch, dass er manches, was Rudolf Steiner dargestellt hat, aus eigener anfänglicher Erfahrung bestätigt fand (S. 86). Er hat aber auch im Jahr 1932 weitere Gespräche mit Rudolf Steiner schriftlich festgehalten, die bisher nicht veröffentlicht worden sind. Daraus sei Folgendes hier wiedergegeben:

»Etwas ganz unglaublich Schönes war es, in dieser nahen Beziehung als Schüler zu Dr. Steiner zu stehen. Wenn er einen dann nach langer Abwesenheit begrüßte und mit sichtlicher Befriedigung sagte: ›Sie haben gute Fortschritte gemacht in der Zwischenzeit‹ – so empfand man eine hohe Beglückung. Mir selbst war es freilich nicht so vorgekommen, als ob ich Fortschritte gemacht hätte. Aber als ich einmal Dr. Steiner klagte, dass ich so gar nicht den Eindruck hätte, vorwärts zu kommen, sagte er sehr bestimmt: ›Es geht bei Ihnen wirklich so schnell, wie es nur überhaupt gehen kann; schneller dürfte es gar nicht gehen, wenn es nicht zu Katastrophen kommen sollte.‹ Kaum je habe ich ihn ernster gesehen, als wie ich einmal mutlos wurde im eigenen Streben. Man müsse unter allen Umständen, sagte er etwa, die Zuversicht zum eigenen Vorwärtsschreiten behalten. Zum Trost und zur Ermutigung für Andere sei dies hier erzählt. Immer wieder bestätigte er einen. ›Es ist alles in einem guten Fortgang, wenn Sie auch nichts davon merken; kleinere Störungen können wohl noch dazwischen einmal kommen, aber sie werden sich von innen heraus regulieren.‹ Und dabei merkte ich selbst wirklich nichts von guten Fortschritten trotz angestrebter Übungen.« (Archiv der Christengemeinschaft)

An dieser Schilderung kann man sehen, dass die esoterische Betreuung seiner Schüler bei Rudolf Steiner zugleich auch einen seelsorgerlich-tröstenden Charakter annehmen konnte. Friedrich Rittelmeyer hat einmal ein Ergebnis seiner esoterischen Erkenntnisbemühungen dargestellt und in seinem Buch *Das Heilige Jahr* (Stuttgart 1930) im Kapitel *Der Himmel* veröffentlicht.

Ita Wegman
(1876–1943)

Ita Wegman war wohl diejenige esoterische Schülerin, die Rudolf Steiner in seinen letzten Lebensjahren in ihrem geistigen Streben am intensivsten unterstützte. Emmanuel Zeylmans van Emmichoven hat in seinem Buch *Die Erkraftung des Herzens* (S. 125–412) wesentliche Elemente dieser ganz auf eine einzelne Person gerichteten Schulung dargestellt. In den letzten eineinhalb Jahren seines Lebens war Rudolf Steiner fast täglich mit Ita Wegman zusammen, hat mit ihr zusammen in ihrer Klinik Sprechstunde gehalten, arbeitete gemeinsam mit ihr an seinem letzten Buch *Grundlegendes zur Erweiterung der Heilkunst* und hat mit ihr gebetet und meditiert. Er führte sie als seine Mitarbeiterin in die Leitung der Freien Hochschule für Geisteswissenschaft am Goetheanum ein. Diese Arbeits- und Freundschaftsbeziehung ging weit über eine persönliche Seelsorge hinaus und hat weite Vergangenheits- und Zukunftsperspektiven.

Der Ablenkende

Oskar Schmiedel (1887–1959)

Rudolf Steiner hat manchmal in Gesprächen mit einzelnen Persönlichkeiten nicht nur deren Fragen und Probleme zu lösen geholfen, sondern durch ein solches Einzelgespräch auch ein soziales Problem aufgelöst. Ein Beispiel dafür liefert *Oskar Schmiedel* in seinen Erinnerungen von 1943 (enthalten in: J. E. Zeylmans van Emmichoven, *Wer war Ita Wegman*.) Schmiedel war Chemiker und mit der Entwicklung von Heilmitteln aufgrund von Anregungen Dr. Steiners beschäftigt. Er arbeitete eng mit Dr. Wegman zusammen und kannte sie sehr gut. Diese Zusammenarbeit war sehr fruchtbar, obwohl Schmiedel nicht nur die Stärken, sondern auch die Schwächen von Dr. Wegman erlebte. Er berichtet:

»So nahm das Jahr 1923 seinen Verlauf und es kam der Dezember heran und in diesem ein Ereignis, das für mich von größter Bedeutung sein sollte. Ich war wegen irgendeiner Angelegenheit in dem Klinisch-Therapeutischen Institut und es kam da zu der ersten und einzigen Auseinandersetzung mit Frau Dr. Wegman, die ich mit ihr gehabt hatte. Ich kann nicht mehr die Ursache und die näheren Einzelheiten angeben, aber das Ende war, dass ich erklärte, dass ich unter diesen Umständen die Klinik nicht mehr betreten würde. Für Dr. Steiner war dieser Vorfall anscheinend von großer Bedeutung, da nach seinen Intentionen Frau Dr. Wegman und ich, der Arzt auf der einen Seite und der Heilmittelhersteller auf der anderen Seite, in innigstem Kontakt zusammenarbeiten sollten. Dr. Steiner telefonierte mich sehr bald nach dem Vorfall an und bat mich, zu ihm zu kommen. Ich ging sofort etwa um 11:00 Uhr vormittags zu ihm. Die Unterredung dauerte bis circa 2:00 Uhr nachmittags, also etwa drei Stunden. Diese Unterredung, in der Rudolf Steiner eine außerordentliche Liebe und Geduld mir entgegenbrachte, war in vieler Beziehung für mich und mein weiteres Leben von allergrößter Bedeutung, vor allem, weil ich von Dr. Steiner lernte, wie Persönlichkeiten angesehen und beurteilt werden sollen. Als erstes frug mich Rudolf Steiner, was ich mit meinem Worte am Telefon hätte sagen wollen: ›Ich weiß nicht mehr, was ich tun soll.‹ Er wollte, wie ich glaube, vor allem klären, ob ich damit eine Drohung ausgesprochen hätte. Ich erwiderte ihm, dass ich das Gesagte im vollsten Sinne des Satzes gemeint hätte, das heißt, dass ich einfach nicht mehr wüsste, was ich nun tun solle. Mit dieser Erklärung schien er zufrieden zu sein.

Er ließ sich nun alles auseinander setzen, was ich gegen Frau Dr. Wegman vorzubringen hatte, und hörte sich es in Geduld an. Nie widersprach er, und nie sagte er, dass das von mir Vorgebrachte nicht richtig wäre. Sondern er stellte einfach dagegen Positives. Und dieses Positive, das er über die Persönlichkeit von Dr. Wegman anführte, war allmählich so gewichtig, dass alles, was ich gegen sie vorbrachte, an Wert und Bedeutung verlor. Zum Schluss stand die Bedeutung der Persönlichkeit von Dr. Wegman klar vor mir, ohne dass er auch nur einen einzigen von mir vorgebrachten Punkt zu widerlegen oder zu entkräften versuchte. Das Negative, das ich vorbrachte – und ich nahm kein Blatt vor den Mund und sagte alles und oft sogar sehr temperamentvoll, was ich gegen Frau Dr. Wegman zu sagen hatte – verlor allmählich an Gewicht gegenüber dem, was Dr. Steiner über Dr. Wegman ausführte.

Für diese unendliche Geduld und Güte, mit denen Dr. Steiner mich angehört, mit denen er seine eigenen Ausführungen vorgebracht hatte, war ich ihm so unendlich dankbar und dies besonders, als mir allmählich immer mehr die Bedeutung und Tragweite der Unterredung klar wurde. Ich lernte da vor allem die Art und Weise kennen, *wie* man eine Persönlichkeit beurteilen muss, wie man lernen muss, durch Negatives hindurch zu sehen auf das Positive der Persönlichkeit, ohne dabei das eventuelle Vorhandensein von Negativem wegzuleugnen und auch demgegenüber nicht blind zu sein. Dass man lernt, zu erkennen den wahren Wert dieser Persönlichkeit, das heißt, dass man durch die Maja des einen vielleicht Störenden die wahre Persönlichkeit sieht. Es kann einem in dem Leben so unendlich wertvoll sein, wenn man gewissermaßen als eine Art Übung immer wieder bei Persönlichkeiten bewusst versucht, durch ein Störendes das Positive zu sehen. Dr. Steiner war ich so dankbar, dass er mir gewissermaßen die Technik einer solchen Übung vordemonstriert hat.« (3. Band, S. 413 ff.)

An diesem Beispiel kann man nicht nur sehen, dass es notwendig und gut ist, einem Menschen geduldig und widerspruchslos zuzuhören, sondern auch, dass es manchmal sehr heilsam sein kann, einen Menschen von dem, was ihn an Schwierigkeiten sehr beschäftigt und bedrückt, dadurch abzulenken, dass man mit ihm übt, auf das Gute und Positive zu blicken, das es in seinem Leben auch gibt. Im Falle von Oskar Schmiedel hatte dieses Vorgehen auch die positive Folge, dass er, durch diese Übung belehrt, ohne Schwierigkeiten mit Ita Wegman für viele weitere Jahre zusammenarbeiten konnte im Aufbau der Herstellung anthroposophischer Heilmittel. Aus dieser Zusammenarbeit ist alles das hervorgegangen, was man heute unter dem Namen Weleda kennt.

Edith Maryon (1872–1924)

Ein ganz anderes Beispiel für das seelsorgerliche Wirken Rudolf Steiners ist die Art, wie er seine Mitarbeiterin *Edith Maryon,* mit der er an der plastischen Gruppe des Menschheitsrepräsentanten arbeitete, in der letzten Zeit ihrer schweren Krankheit betreute (siehe: GA 263/1, S. 187 ff. und S. 249). Er hat sie, wenn er in Dornach war, täglich besucht, ihr aus der Zeitung vorgelesen und die Meldungen kommentiert, aus dem Leben der Gesellschaft erzählt und versucht, sie mit Humor ihre Schmerzen vergessen zu lassen. Mit humoristischen Karikaturen und Versen, von denen einige erhalten sind (S. 189 ff.), versuchte er sie von den Schmerzen abzulenken und zu erheitern. Wenn man bedenkt, welch ungeheure Arbeitsleistung er in den letzten Lebensjahren 1923 und 1924 vollbrachte, kann man ermessen, was diese Zuwendung für sie und ihn bedeutete. Trotz intensiver Betreuung durch Dr. Wegman gelang es nicht, die Krankheit zu überwinden, und so starb Edith Maryon, die Rudolf Steiner einmal das Leben gerettet hatte, am 2.5.1924 mit 52 Jahren in Dornach.

Der Tröstende

Im Archiv im Goetheanum befindet sich ein Schriftstück, das eine persönliche Begegnung einer Frau Kalb aus München mit Rudolf Steiner schildert. Sie schreibt:

»Es war im Jahre 1912. Da träumte mir, ich bin in einem Zimmer, meiner Tochter gegenüber – es kam mir aber die ganze Umgebung recht fremd vor und ich frug meine Tochter, was eigentlich mit mir ist – warum ich bei ihr bin, und wo meine fünf Söhne sind. Sie sah mich traurig an und sagte: ›Ja, Mutter – ich muss dir sagen, dass Georg (mein ältester Sohn) im Kriege gefallen ist!‹ Nach und nach erfahre ich von ihr, dass bis auf einen meiner Söhne alle im Kriege gefallen sind, bis auf einen, der nicht mehr gesund ist. Im Traume hörte ich, wie dieser Sohn im Nebenzimmer mit einem Kinde sprach. (Ich erzähle dies nur, um zu zeigen, wie deutlich und lebhaft der Traum war.) Nun wollte ich wissen, wie es kommt, dass ich von all dem nichts weiß? Die Antwort lautete: ›Du warst jetzt 20 Jahre im Irrenhaus und bist jetzt entlassen.‹ Ich ließ mir einen Spiegel reichen und sah ein fremdes Gesicht voll Runzeln und weißen Haaren.

Zwei Jahre nach diesem Traum kam der Weltkrieg und meine fünf Söhne zogen in den Krieg. – In meiner Not ging ich zu Dr. Steiner, der gerade in München war, erzählte ihm genau den Traum und frug ihn, ob ich das wirklich erleben muss!

Dr. Steiner sah eine kurze Zeit ernst vor sich hin, dann sah ich, wie sein Gesicht sich erhellte und da sagte er: ›Sie können ganz ruhig sein, Ihre fünf Söhne werden aus dem Kriege wieder heim kommen.‹ – Auf meine Frage, warum ich solchen schrecklichen Traum träumte, sagte er: ›Sie haben das erlebt in einer früheren Inkarnation.‹

Mit diesem Troste ging ich von ihm mit dankbarem Gefühl; und es wurde so, wie Dr. Steiner es mir vorhersagte – meine fünf Söhne kamen aus dem Krieg wieder heim!«

An diesem Beispiel sieht man besonders deutlich, dass man sich Rudolf Steiners Seelsorge nicht einfach zum Vorbild nehmen kann, weil er eben über hellseherische Fähigkeiten verfügte, die er nicht nur in den Dienst der Erkenntnis stellte, sondern die ihm auch bei seiner Art der Lebensberatung zur Verfügung standen.

Der Provozierende

Friedrich Rittelmeyer (1872–1938)

Man sollte die Art und Weise, in der Rudolf Steiner seine seelsorgerischen Gespräche führte, nicht so darstellen, als habe er bei persönlichen Beratungen immer nur die Fragen beantwortet, die man ihm gestellt hat. Das ist nicht der Fall. Es kam auch vor, dass er seinem Gegenüber aus einem eigenen Impuls heraus im besten Sinne provozierende Fragen stellte oder Antworten gab.

Ein schönes Beispiel dafür schildert *Friedrich Rittelmeyer.* Dieser hatte 1913 zusammen mit seinem Freund Christian Geyer ein Buch mit dem Titel *Warum bleiben wir in der Kirche?* verfasst. Darin hatte er von der Notwendigkeit geschrieben, dass es einmal neue Formen der Liturgie auch in der evangelischen Kirche geben müsse. Aber er sah dafür den Zeitpunkt noch nicht gekommen. »Darum muss nach allen Gesetzen der Geschichte ... einfach gewartet werden ..., bis die Zeit gekommen ist, wo vielleicht das christliche Gefühl der Gegenwart so stark geworden ist, dass es sich aus einem unabweisbaren inneren Bedürfnis auch das heilige Recht nimmt, neue Gottesdienstformen aus sich heraus zu schaffen.« (S. 38) Diese kurze Schrift sandte Friedrich Rittelmeyer auch an Rudolf Steiner. Dieser kam bei ihrer nächsten Begegnung von sich aus darauf zu sprechen und sagte: »Ich habe es gelesen. Aber ich glaube doch nicht, dass es auf diese Weise geht.« (Friedrich Rittelmeyer, *Meine Lebensbegegnung mit Rudolf Steiner,* S. 51)

Aber Rittelmeyer fragte nicht, warum es so nicht ginge. Es lag ihm ganz fern, zu denken, dass ein neuer Kultus auf ganz andere Weise zustande kommen könnte. Als er dann 1917 in Berlin eine ganze Reihe von Vorträgen Rudolf Steiners hörte, die ihn hätten veranlassen können, eine Frage bezüglich der Erneuerung des religiösen Lebens zu stellen und eine solche Frage ausblieb, da ergriff Rudolf Steiner von sich aus die Initiative. Rittelmeyer berichtet:

»Einmal, wohl im Jahre 1917, als ich ihn auf dem Weg zum Vortrag traf und ein paar Schritte begleitete, fing er an: ›Ich muss mich in meiner Lebensaufgabe beschränken auf das Okkulte. Sonst komme ich nicht durch. Das Religiöse ist ihre Aufgabe.‹ Auch dies fasste ich damals durchaus als Ermutigung auf, meinen Weg weiterzugehen. Heute freilich [1928], rückschauend, sehe ich, dass da wieder eine Stunde gewesen wäre, wo ich hätte weiterfragen sollen.« (*Lebensbegegnung*, S. 90)

Man kann an diesen beiden Sätzen, die Rudolf Steiner zu Friedrich Rittelmeyer sprach, sehen, wie er versuchte, in diesem eine Frage zu provozieren. Denn der Satz: »Das Religiöse ist Ihre Aufgabe« wäre eine Banalität gegenüber dem damals berühmtesten Kanzelredner Deutschlands, wenn er nicht eine andere, über seine gegenwärtige Aufgabe hinausgehende Berufung meinen würde. Nach dieser jedoch hat Rittelmeyer nicht gefragt. Er war aber eigentlich dazu berufen gewesen, diese Frage nach religiöser Erneuerung aus Anthroposophie zu stellen, was man an den Worten ablesen kann, die Rudolf Steiner zwei Jahre nach der Gründung der Christengemeinschaft am 5.10.1924 im Mitteilungsblatt der Anthroposophischen Gesellschaft über Friedrich Rittelmeyer geschrieben hat: »Aus der Anthroposophischen Gesellschaft heraus für die christliche Erneuerung etwas darreichen, forderte wie selbstverständlich die praktische Frage heraus: Wie wird Rittelmeyer das Dargereichte aufnehmen? Wie wird er sich zu der Verwirklichung des Gewollten stellen? Denn die anthroposophische Bewegung musste in Rittelmeyer das Vorbild einer Persönlichkeit sehen, die Christentum und Anthroposophie in der inneren Harmonie des Herzens und in der äußeren Harmonie des Wirkens vereint hatte. Und Rittelmeyer sagte aus vollem Herzen heraus ›Ja‹. Damit war für die selbstständige Bewegung für religiöse Erneuerung ein fester Ausgangspunkt gewonnen.« (GA 260a, S. 397f.)

Rudolf Steiner hat eben nicht nur auf eine Frage gewartet, wenn es darum ging, einen Kulturimpuls der Anthroposophie auf sozialem Felde wirksam zu machen, sondern er hat auch versucht, bei denjenigen Menschen, die er für prädestiniert hielt, einen solchen Impuls zu verwirklichen, diese Frage anzuregen, ohne in die Freiheit des Menschen einzugreifen.

Similia similibus

Es gehört zu den erstaunlichen Beobachtungen, die man am Wirken Rudolf Steiners als Seelsorger machen kann, dass er die Menschen so behandelte, wie es ihrem Temperament entsprach. In seinem Vortrag vom 4.3.1909 in Berlin (GA 57, S. 274 ff.) über »Das Geheimnis der menschlichen Temperamente« beschrieb Rudolf Steiner nicht nur, wie die Temperamente durch das Überwiegen der einzelnen Wesensglieder entstehen und wie sie in den Organsystemen des physischen Leibes verankert sind, sondern auch, wie sie in der Erziehung bei Kindern und in der Selbsterziehung als Erwachsener günstig beeinflusst werden können. Dies kann nicht durch Unterdrückung, nicht durch Ausgleich und Nivellierung vonstattengehen, sondern indem man das Temperament anerkennt und das homöopathische Prinzip anwendet, Gleiches mit Gleichem zu heilen (*similia similibus*). Als Beispiel sei hier angeführt, wie er über die Selbsterziehung eines Phlegmatikers spricht:

»Sind wir Phlegmatiker, die keine Interessen haben, so ist es gut, dass wir uns möglichst viel mit recht uninteressanten Gegenständen beschäftigen, uns mit recht viel Quellen der Langweile umgeben, dass wir uns gründlich langweilen. Dann werden wir uns gründlich kurieren von unserem Phlegma, es uns gründlich abgewöhnen. So rechnet man mit dem, was da ist, und nicht mit dem, was nicht da ist.«

Für Schulklassen hat Rudolf Steiner bekanntlich angegeben, dass es günstig ist, Schüler gleichen Temperaments zusammenzusetzen. Darin zeigt sich das gleiche homöopathische Prinzip. Und dies hat Rudolf Steiner auch in der Seelsorge angewendet. Dafür seien hier zwei Beispiele angeführt:

Hermann Heisler
(1867–1962)

Hermann Heisler (1876–1962) war, ehe er sich nach dem Ersten Weltkrieg als Redner in der Dreigliederungsbewegung betätigte, evangelischer Pfarrer gewesen. Er war ein typischer Choleriker, ein Feuerkopf, der am liebsten allein arbeitete. Schon 1920 versuchte er, eine Theologentagung mit Rudolf Steiner zu organisieren, in deren Rahmen theologische Fachprobleme diskutiert werden sollten. Er hatte vorschnell Rudolf Steiners Einverständnis angenommen, durch Rundbriefe einen großen Kreis von Theologen schriftlich informiert, einen Tagungsplan entwickelt und sogar schon einen Termin festgesetzt. Trotz mehrfacher Anfrage erhielt er von Rudolf Steiner keine Antwort mit einer endgültigen Zustimmung. So ließ er den Plan schließlich fallen und die Tagung kam nicht zustande. Denn Rudolf Steiner hatte kein Interesse an theologischen Diskussionen, sondern hielt eine Erneuerung des religiösen Lebens für notwendig. Als ein Jahr später diese Frage durch andere an ihn herantrat, ging er mit dem so genannten ersten Theologenkurs darauf ein und entwarf die Grundzüge eines erneuerten religiösen Lebens, das von den Studenten, die ihn gefragt hatten, gewollt wurde. Als es darum ging, wie seine Anregungen praktisch umgesetzt werden könnten, betonte er

– für die Studenten sehr überraschend –, dass es am wichtigsten sei, zunächst für eine gediegene Finanzierung zu sorgen. Um diese in die Hand zu nehmen, schlug er den Studenten vor, mit dieser Aufgabe den über 20 Jahre älteren Hermann Heisler zu betrauen. Dieser kam sofort von Tübingen herüber, nahm an den abschließenden Besprechungen teil und übernahm die Aufgabe.
Schon die Übertragung dieser Aufgabe an Hermann Heisler ist ganz im Sinne einer temperament-spezifischen Seelsorge. Denn »dem Choleriker müssen besonders solche Gegenstände in den Weg geführt werden, die ihm Widerstand entgegensetzen. Widerstände, Schwierigkeiten müssen ihm in den Weg gelegt werden. Man muss versuchen, ihm das Leben nicht so leicht zu machen.« (Siehe der oben genannte Vortrag, GA 57, S. 286.) Welche Schwierigkeiten Hermann Heisler bei der Ausführung dieser Aufgabe hatte, in der beginnenden Inflationszeit bei ihm völlig unbekannten wohlhabenden Leuten Geld für eine Sache lockerzumachen, die es noch gar nicht gab, hat er in seinen Erinnerungen eindrucksvoll geschildert. Immerhin brachte er in einigen Monaten eine dreiviertel Million Reichsmark zusammen.

Im Laufe dieser Tätigkeit und nach der Teilnahme am zweiten Theologenkurs im Herbst 1921 in Dornach entschloss sich Hermann Heisler, auch an der Gründung der Bewegung für religiöse Erneuerung als Priester teilzunehmen. Es kam aber zu Differenzen mit Friedrich Rittelmeyer und Emil Bock, und so zog er sich verärgert zurück. Er wurde krank und kam weder zur vorbereitenden Tagung nach Breitbrunn noch im September 1922 zur Gründungsversammlung der Christengemeinschaft nach Dornach, sondern ging erst im Oktober zur Erholung zu Freunden nach Dornach. Dort überlegte er ernsthaft, sich ganz von der werdenden Christengemeinschaft zurückzuziehen. In seinen Erinnerungen berichtet er:

»Nachdem ich einige Wochen in Dornach gewesen war, ohne Dr. Steiner gesprochen zu haben, da ließ er mich eines Tages kommen, und ohne mich zuvor etwas gefragt zu haben, sagte er sehr ernst und streng: ›Also Sie wollen uns jetzt auch verlassen. Erst hat uns die Finsterniswelt Dr. Geyer weggeschnappt, und jetzt kommen Sie auch. [Christian Geyer, der zur Führung der Christengemeinschaft vorgesehen war, hatte im letzten Augenblick die Entschlusskraft nicht gefunden, sich von seiner Kirche freizumachen.] Bringen Sie Ihr Verhältnis zu Dr. Rittelmeyer und Bock in Ordnung, dann sind Sie gesund. Es liegt gar kein Grund vor, dass Sie krank sein sollten.‹

Bei dieser strengen Rede von Dr. Steiner, wie ich das noch nie zuvor erlebt hatte, wurde mir klar, dass ich jetzt an einer entscheidenden Wende meines Lebens angekommen war, und dass ich jetzt nicht noch einmal versagen durfte, ohne meine Inkarnation endgültig zu verderben. Da nahm ich mir vor, nachzugeben und mit den anderen Frieden zu machen und bei der Christengemeinschaft zu bleiben. Im Augenblick, wo ich dies dachte, ohne dass ein Wort darüber gesprochen worden wäre, war Dr. Steiner wie umgewandelt. Er war von einer Freundlichkeit und Aufgeschlossenheit mir gegenüber, wie ich ihn noch nie gekannt hatte. Er fing an zu klagen darüber, dass die führenden Anthroposophen so wenig wach seien. Das seien brave, tüchtige Beamte, welche pünktlich ihre Pflicht erfüllten, welche aber nicht merkten, was in der Welt vorgehe. Er nannte sogar Namen von Persönlichkeiten seiner nächsten Umgebung, von denen ich glaubte, dass sie seine vollste Zustimmung hätten. Und als ich ihn dann ganz schüchtern fragte, was man denn dann machen könne, da kam es mit einer mir bei Steiner ganz unbekannten Leidenschaft aus ihm heraus: ›Feuer unter den Hintern machen – jedem einzelnen ein Feuer unter den Hintern machen, damit sie endlich aufwachen und merken, was in der Welt vorgeht.‹ Als er das mit lauter Stimme herausstieß, da wurde mir offenbar, wie sehr Steiner darunter litt, dass seine Freunde dem öffentlichen Leben gegenüber so versagten. Was würde er da erst heute sagen? ... Dies Erlebnis mit Rudolf Steiner an einem entscheidenden Wendepunkt meines Lebens, unmittelbar vor meiner Priesterweihe, war derart eindrucksvoll, dass es mir immer im Bewusstsein steht, als wäre es gestern gewesen ... Nach jenem denkwürdigen Gespräch mit Dr. Steiner fuhr ich unmittelbar nachhause und bekam wenige Tage nachher in Stuttgart die Priesterweihe durch Dr. Rittelmeyer, um dann die Arbeit in Esslingen aufzunehmen. Mit Rittelmeyer und Bock hatte ich mich zuvor verständigt und die alten Zerwürfnisse aus der Welt geschafft.« (1956, S. 257ff., unveröffentlicht, Archiv der Christengemeinschaft, I.1.47)

An diesem Beispiel sieht man, wie Rudolf Steiner mit einem Choleriker umging: Er zitiert ihn zum Gespräch, und herrscht ihn ohne eine Frage im Befehlston an. So hätte er nie mit Dr. Rittelmeyer gesprochen. Auch inhaltlich waren seine Worte an einen Choleriker gerichtet: ›Es liegt gar kein Grund vor, dass Sie krank sein sollten.‹ So darf man einem Melancholiker nicht seine Krankheit ausreden wollen. Und auch das mit Leidenschaft und lauter Stimme gesprochene Wort vom ›Feuer unter den Hintern‹ sollte man einem Melancholiker nicht zumuten. Aber dem Choleriker war geholfen – und er konnte nach manchen Umwegen endlich sein Lebensziel finden.

Friedrich Rittelmeyer war in mancherlei Hinsicht das Gegenteil von Hermann Heisler. Dieser war groß und schlank, hatte ein bewegtes Schicksal hinter sich, sein Pfarramt aufgegeben und sich mit seinem cholerischen Temperament der Dreigliederungsbewegung Rudolf Steiners als Redner zur Verfügung gestellt. Rittelmeyer war eher von kleiner Gestalt, seine berufliche Laufbahn als Pfarrer war ein kontinuierlicher Aufstieg von Würzburg über Nürnberg an die höchstdotierte Pfarrstelle im damaligen Deutschen Reich an der Neuen Kirche am Gendarmenmarkt in Berlin. Er war von eher melancholischem Temperament, man könnte sagen: ein moderner Mystiker. Er pflegte eine intensive Beziehung als persönlicher Schüler zu Rudolf Steiner und hatte viele Gespräche mit ihm.

Seine Tätigkeit erfuhr eine abrupte Unterbrechung für viele Monate, als er am 1. August 1918 auf einer Wanderung mit seinem Sohn stürzte, sich das Bein brach und durch einen Stein am Kopf verletzt wurde. Diese Kopfverletzung führte später zu immer wiederkehrenden Kopfschmerzen und behinderte seine Arbeitsfähigkeit. Ab Mai 1920 war er beurlaubt und für 10 Monate zur Erholung auf einem Gut in Birgwitz bei Glatz in Schlesien, um sich zu erholen.

Dorthin schrieb ihm Rudolf Steiner am 14. Juli 1920 einen vierseitigen Brief, der einen Einblick gewährt, wie anders Rudolf Steiner mit einem Melancholiker umging:

Dornach, 14.7.1920

Verehrter lieber Herr Doktor!
Darf ich Ihnen aufrichtig – von Freund zu Freund – meine Anschauung über Ihren Zustand schreiben, nachdem mir eben Dr. Boos Ihre an ihn gerichtete Anfrage

mitgeteilt hat. Es ist ja gewiss, dass Ihre jetzigen Übel zum Teil ihren Quell in dem Miteffekt Ihres Absturzes haben. Nun meine ich, dass Ihr hauptsächlichstes Heilmittel völlige Ruhe in innerem seelischem Gleichgewicht sein muss. Dazu wird eine Schwitzkur kommen müssen. Wenn es gelingt, die Ausruhekur mit kürzer gehaltener (3 Wochen lang, jede Woche zweimal mit 14-tägiger Unterbrechung) Schwitzkur noch ein halbes Jahr – mit völliger Fernhaltung vom Amt, aber ganz nach innerem Bedürfnis und ohne Anstrengung gehaltener geistiger Betätigung – fortzusetzen, so wird Ihr Befinden wieder zufriedenstellend werden. Was wir an Übungen besprochen haben, braucht nicht die geringste Unterbrechung zu erfahren; im Gegenteil, es wird die in innerlicher Ruhe vollzogene Übung zu Ihrer Gesundheit das Richtige beitragen.

Mein lieber Herr Doktor: ich habe viel an Sie gedacht und weiß, dass äußere Übel die Symptome innerer Entwickelung sind, auch wenn der Schein manchmal dagegen spricht. In Ruhe und mit Gleichgewicht durchmachen, ist gut.

Von den Quecksilbereinreibungen und den Lumbalpunktionen halte ich nicht nur nichts in Ihrem Falle, sondern möchte entschieden meinen, dass dies für Sie nicht richtig ist. Ich möchte im Gegenteil mit Dr. Noll verabreden, dass er, wenn er Ende Juli wieder von hier nach Deutschland kommt, Ihnen eine eben hier in Bereitung befindliche Antimonsalbe sendet zum Einsalben in der Lendengegend. Es ist schade, dass wir Sie nicht erreichen konnten, als ich vor kurzem zweieinhalb Tage in Berlin war. –

Ich sagte oben, dass <u>ein</u> Teil Ihrer Übel von dem Sturz mitbewirkt sind; der andere Teil ist aber, wie ich schon vor langer Zeit durch Frau Dr. Ihnen schreiben ließ, seelischer Natur. Mein lieber Herr Doktor: Sie haben in demjenigen Teil Ihres Wesens, das bei Menschen, wie Sie einer sind, von Weltanschauungsfragen influenziert wird, in den letzten Jahren viel durchgemacht. Sie fragten mich wiederholt über Ihren Fortschritt. Ich durfte aus erfreutem Herzen heraus von einem gewichtigen Fortschritt sprechen. Und der ist vorhanden; <u>mehr</u> vorhanden, als er sich im Vollbewusstsein spiegelt. Auch mehr, als Sie jetzt schon ideell verfolgen. Verzeihen Sie mir diese Offenheit. Aber es gehen da auch in den Tiefen des Menschenwesens Kämpfe vor sich, die ihre Ausstrahlungen doch in der Physis haben. Das alles ist richtig und ganz unbedenklich. Aber wenn dann das Karma von außen so etwas bringt wie [es] Ihr Sturz war, dann kann leicht eine unbedenkliche, aber doch eben gesundheitlich bemerkbare Labilität des Physischen kommen. Da ist dann nichts anderes notwendig, als dass wir den inneren Mut zur Ruhe haben. Wir erkämpfen uns Entwicklungsetappen; aber wenn wir den rechten Weg finden, sie ruhig hinzunehmen, auch wenn das Karma sie uns mit Hindernissen bringt, dann <u>erobern</u> wir sie uns auch.
Es ist mir recht leid, dass ich Sie jetzt so lange nicht sprechen kann. Manches Wort lässt sich eben nicht schreiben. Doch dies alles genommen, was ich in den obigen Zeilen aussprechen wollte, wird Ihnen sagen, dass ich nicht einem leichten Gedanken nachhänge, wenn ich von den Lumbalpunktionen und Quecksilbereinreibungen <u>bei Ihnen</u> nichts halte, sondern der Ansicht sein muss,

dass die kontinuierliche, aber innerlich in vollem Gleichgewicht fortlaufende Seelenarbeit, die wir besprochen haben, Ihnen auch wieder die Heilung bringen wird. Nur vermeiden müssten Sie alle solche Geistesarbeit, die Ihnen von außen aufgedrängt wird, insofern diese ganz besondere Anstrengungen fordert. Mit Ihrem anthroposophischen Weitergange wäre sie durchaus vereinbar; aber der Sturz kommt eben da als ein besonderer Zwischenfall hinein.

Beste Grüße an Ihre Frau und Kinder; von Ihrem Töchterchen hörte ich vor einigen Tagen durch Frau Professor Bürgi in Bern Gutes, was mich sehr erfreute.

Ganz herzlich Ihr Rudolf Steiner

(unveröffentlicht, Archiv der Christengemeinschaft, I.1.1)

Wenn man diesen Brief vergleicht mit dem für sein Schicksal entscheidenden kurzen Gespräch, das Hermann Heisler mit Rudolf Steiner hatte, dann kann man deutlich empfinden, wie anders die Zuwendung Rudolf Steiners zu dem Melancholiker Rittelmeyer gewesen ist: Er ging geduldig und ausführlich auf sein Leiden ein, tröstete ihn und gab ihm Ratschläge auf medizinischem und seelischem Gebiet. Zugleich lässt er ihn nicht im Unklaren darüber, dass sein Leiden auch seelische Ursachen hat. Aber er nennt ihn seinen Freund, bestätigt seinen inneren Fortschritt und verspricht ihm Heilung. Der Brief ist ein Musterbeispiel für den seelsorgerlichen Umgang mit Melancholikern.

Dieser Eindruck wird noch verstärkt, wenn man den vierseitigen Brief liest, den Rudolf Steiner Friedrich Rittelmeyer am 19.4.1921 nach Birgwitz geschrieben hat:

Mein lieber verehrter Herr Doktor!
Es ist mir eine große Entbehrung, dass ich Sie so lange nicht habe sehen können und so Ihre Gesundungsfortschritte nur immer von Ferne verfolgen kann. Was jetzt Ihnen die Hauptschwierigkeit macht, ist eine gesteigerte Sensitivität gegenüber den labilen Zuständen Ihres Organismus. Und wer mit diesen organischen Sensitivitätsverhältnissen ein wenig bekannt ist, würde jetzt behaupten, dass eine subjektive Kräftigung Ihres Willens die völlige Instandsetzung Ihrer Funktionen bewirken könne. Wer aber das Wesen einer solchen Sensitivität kennt, der weiß auch, dass diese selbst erst wieder so gekräftigt werden muss, um so willensmächtig zu werden, wie es sein soll. Deshalb rate ich Ihnen ... [es folgt eine Meditationsanweisung]. Dazu könnten kommen lageweise abwechselnd, einmal des Tages: Belladonna (homöopathisch) 25. Dezimale; andern Tages Hyosciamus Niger 15. Dezimale. Das wirkte organisch verstärkend auf dasjenige, was im Seelischen durch die Übung vorgeht. Das Ganze hat den Zweck, Ihre Gesundung, die jetzt als Reaktion auf die früheren Zustände vorhanden ist, in ihrer aufwärts gehenden Kurve zu erhalten und zu fördern.
Meine Empfindung ist, dass, wenn Sie sich nicht überlasten lassen – auch nicht in Minimalüberlastungen – die vorsichtig gehaltene Tätigkeit, von der Sie schreiben, Sie aufnehmen können; aber eben bis zum Herbst nichts anderes tun, als was Sie beschrieben haben. Dann kann eine solche Tätigkeit sogar gesundend in Ihnen wirken. Das Gehen und die physische Betätigung wird Sie noch eine Zeit lang ermüden; aber das wird nach und nach überwunden werden. [Es folgt auf fast zwei

weiteren Seiten ein ausführlicher Dank an Rittelmeyer für den von ihm herausgegebenen Sammelband zum 60. Geburtstag von Rudolf Steiner: *Vom Lebenswerk Rudolf Steiners. Eine Hoffnung neuer Kultur.*]

Sie, mein lieber verehrter Herr Doktor, haben in einer auch für Sie persönlich schweren Zeit Ihr Buch in die Welt geschickt, das so ist, dass die Krankheit dem Buche gegenüber nur wie die Bringerin der Muße ist, die Ihnen gestattete, das besser zu machen, was Sie auch in guter, aber von Arbeit überbürdeter Zeit mut- und kraftvoll getan hätten. Deshalb nochmals herzlichsten Dank im Namen der Bewegung und mit den herzlichsten Grüßen an die Ihrigen, – diese auch an Sie selbst

Ihr herzlichst zugeneigter R. St.

(unveröffentlicht, Archiv der Christengemeinschaft, I.1.1).

Aus dem Antwortbrief Rittelmeyers aus Birgwitz vom 24.4.1921 erkennt man die Wirkung, die Rudolf Steiners Brief auf ihn hatte:

Hochverehrter Herr Doktor!

Ihr gütiger und so ausführlicher Brief ist mir eine außergewöhnliche Wohltat gewesen und soll in seinem Wert möglichst ausgenützt werden. Ich fühle mich durch ihn noch innerlicher wie bisher mit Ihrer Sache verbunden ...

Andererseits kommt auch der leicht hypochondrische Zug im Wesen Rittelmeyers zum Ausdruck, wenn er zu seinen Meditationsbemühungen und zu seiner Arbeit schreibt:

> Sollten Sie das alles für <u>nicht</u> förderlich halten und wünschen, dass alle vorhandene Meditationskraft nur der neuen Übung zu gut kommt, so bitte ich Sie, mir nur einen ganz kurzen Wink durch Dr. Boos zukommen zu lassen. Ebenso nehme ich, wenn ich nichts anderes höre, als sicher an, dass Ihre Bemerkung »bis zum Herbst nichts anderes tun« sich auf die Vollaufnahme meines Berufes, besonders der Predigten und Beerdigungsreden bezieht, dass ich also – immer darauf bedacht, mich in keiner Weise dabei zu überanstrengen – z.B. kleine Aufsätze schreiben darf …

Dann schreibt er von seinem Aufsatzplan und endet:

> Sollten Sie mir den Artikel – ich will recht vorsichtig dabei sein – dennoch streng widerraten, so wird es mir auch gern Dr. Boos übermitteln.
> Wie immer in herzlichster Verehrung und mit ganz besonderem Dank, dem sich auch meine Frau mit herzlichen Grüßen anschließt,
> Ihr getreuer F. Rittelmeyer
>
> (unveröffentlicht, Archiv der Christengemeinschaft)

Die väterlich-fürsorgliche Art des Umganges Rudolf Steiners mit Friedrich Rittelmeyer geht auch aus folgender Episode hervor, die Alfred Heidenreich am 9. Mai 1923 an seine Braut Marta Heimeran brieflich übermittelt hat: »Ich stehe noch sehr unter dem Eindruck einer Steiner-Äußerung, die mir Rittelmeyer heute früh erzählt hat: Rittelmeyer hat ihn [Rudolf Steiner] seiner Zeit gefragt, ob er gesundheitlich es wagen könne, mit in unsere Bewegung [die Christengemeinschaft] einzutreten, ohne sie zu sehr zu belasten. Da sagte ihm Steiner: er sei einer der Gesündesten von uns. Und für einen Menschen, der in einer spirituellen Bewegung stehe, sei er überhaupt noch sehr gesund.« (unveröffentlicht, Archiv der Christengemeinschaft)

Dies ist nicht ein billiger Trost für Rittelmeyer gewesen. Denn unter den intimeren Schülern und Mitarbeitern Rudolf Steiners gab es viele, die schwerer krank waren als Rittelmeyer: Man denke nur an Christian Morgenstern und Michael Bauer (beide litten an Tuberkulose), an Mathilde Scholl und Felix Peipers, oder an Edith Maryon. Es war auch ein Trost, weil Rudolf Steiner Friedrich Rittelmeyer als »einen der Gesündesten« von den Gründern der Christengemeinschaft bezeichnet hat.

Man kann diese Äußerung nur dann als eine den Tatsachen entsprechende ansehen, wenn man sich die seelischen und gesundheitlichen Schwächen der zumeist ja sehr viel jüngeren Gründer vor Augen führt. Das kann hier nicht weiter ausgeführt werden. Im Archiv der Christengemeinschaft befindet sich umfangreiches Material, das diese Äußerung plausibel erscheinen lässt. Für unseren Zusammenhang genügt es zu bemerken, wie schonend und behutsam Rudolf Steiner mit dem Melancholiker Friedrich Rittelmeyer umging.

Auch dieses Beispiel belegt einmal mehr, dass Rudolf Steiner nicht nur auf Fragen antwortete, sondern auch von sich aus entscheidend in Schicksale eingegriffen hat.

Der aktiv Eingreifende

Rudolf Meyer (siehe S. 22 f.) war einer der produktivsten Autoren unter den Gründerpriestern. Er hat in Breslau, Leipzig, Prag, Düsseldorf, Zürich und Karlsruhe als Pfarrer gewirkt. Wesentliche Teile seines Nachlasses sind erst im Jahr 2015 dem Archiv der Christengemeinschaft übergeben worden. Diese ermöglichen es, entscheidende Momente seiner Biografie neu beleuchten zu können.

1896 geboren, studierte Meyer Theologie und Philosophie und lernte 1916 durch Violetta Plincke die Anthroposophie kennen. Am 1. Juli 1918 hatte er sein erstes persönliches Gespräch mit Rudolf Steiner und bekam von ihm eine Meditation. Im selben Jahr legte er in Kiel sein theologisches Examen ab und ging auf das Prediger-Seminar in Preetz/ Holstein. Dort ließ er sich jedoch bald beurlauben, um ab Februar 1919 als Vortragsredner für Anthroposophie zu arbeiten. In Kiel gründete er 1919 mit Violetta Plincke den bis heute bestehenden Karl-Thylmann-Zweig. Er hielt Vorträge über Märchen, über Dreigliederung, über »Anthroposophie und Christentum« sowie Einführungskurse in Anthroposophie in Lübeck, Hamburg, Hannover und Bremen. Im späten Frühjahr hörte er in Stuttgart und anderen Städten Vorträge von Rudolf Steiner. Im Dezember wurde er von Louis Werbeck in Hamburg für eine ständige Tätigkeit innerhalb der Anthroposophischen Gesellschaft engagiert und zog in die Hansestadt. Dort übernahm er drei laufende wöchentliche

Kurse und immer wieder Vorträge auch in anderen Städten Norddeutschlands und Thüringens.

Zur Eröffnung des ersten Goetheanums war er eingeladen, theologische Vorträge zu halten, die vom 29. September bis zum 1. Oktober 1920 nachmittags zu dem Thema: »Geschichtsphilosophische Probleme des Christentums im Lichte anthroposophischer Forschung« stattfanden. Er erlebte die Vortragskurse Rudolf Steiners, war zum ersten Mal vor der Christusstatue im Atelier und lernte viele Anthroposophen kennen (z.B. W. J. Stein, Eugen Kolisko, Roman Boos). Es waren gewaltige, »übergewaltige« Eindrücke, die zusammen mit einer Grippe zu einem »inneren Rückschlag« führten, wie er schrieb. Trotzdem setzte er seine vielseitige Arbeit in Hamburg fort und wirkte erstmals in vielen Städten Sachsens als Vortragsredner.

Durch die Marburger Martin Borchart und J. W. Klein, die er im Jahr zuvor kennengelernt hatte, wurde er zur Teilnahme am ersten Theologenkurs aufgefordert und nahm auch am zweiten Theologenkurs in Dornach im Herbst 1921 teil. Nach dem Herbstkurs wurde in Tübingen eine Tagung zur Einführung in die Theologie für etwa 20 Nicht-Theologen veranstaltet. Die Vorträge und Kurse wurden von Emil Bock und Rudolf Meyer gehalten. Sie waren beide etwas älter als das Gros der »Jungen« und hatten ihr Theologiestudium bereits abgeschlossen. Bock sprach über Kirchengeschichte, Meyer über biblische Themen. Obwohl sie gleich viele Stunden zu halten hatten, empfand Emil Bock Rudolf Meyer bei diesem Theologenkurs lediglich als »Helfer«.

Schon bei dieser Unternehmung kam es zu gewissen Differenzen zwischen den beiden. Es herrschte eine gewisse Konkurrenzsituation, denn Rudolf Meyer war zu diesem Zeitpunkt bereits ein bekannter, beliebter und weit gereister anthroposophischer Vortragsredner. Emil Bock dagegen hatte seine ersten öffentlichen anthroposophischen Vorträge noch vor sich. Außerdem war seine Art und Weise des Vortragens noch sehr anfänglich: »Bock sprach damals äußerlich noch recht ungeschickt und stockend, innerlich recht trocken und erkältend« – so beschrieb es Rittelmeyer später. (unveröffentlicht, Archiv der Christengemeinschaft, I.1.1)

Rudolf Meyer kehrte nach Hamburg zurück und hielt in mehreren Städten Vorträge über religiöse Erneuerung. Er gehörte zu denjenigen, die mit dem zentralistischen Führungsstil Emil Bocks Probleme hatten und teilte mit anderen das Gefühl, dass mit gewissen Rücksichten (auf evangelische Pastoren) und organisatorischen Tätigkeiten zu viel Zeit für die Gründung verloren gehen würde. So stand er wie selbstverständlich auf der Seite J. W. Kleins und Hermann Heislers und deren von Rudolf Steiner empfohlenen Memorandum-Aktion, die dazu dienen sollte, die zur Gründung der Christengemeinschaft Entschlossenen zu sammeln. Diese Aktion wurde von Rittelmeyer und Bock als schwerer Affront empfunden, obwohl sie von Rudolf Steiner initiiert worden war!

Bei der Fortsetzung des Kurses für Nicht-Theologen unter der Leitung Friedrich Rittelmeyers und Emil Bocks in Berlin Ende Februar 1922 war Rudolf Meyer gar nicht mehr beteiligt. Bei der ersten Zusammenkunft der Gründer mit Friedrich Rittelmeyer kam es dann in Berlin im März 1922 zu heftigen Auseinandersetzungen, die Alfred Heidenreich als einen »viertägigen, schier ununterbrochenen geistigen Kampf« [Brief an Marta Heimeran] beschrieben hat, der ohne das Eingreifen Rudolf Steiners wahrscheinlich das Ende der Bewegung bedeutet hätte. Dieses Eingreifen geschah allerdings auf Bitten von Johannes Werner Klein, der die Gefahr des Auseinanderbrechens des Kreises erkannt hatte.

Die inhaltliche Seite des Konflikts zwischen den beiden Theologen Emil Bock und Rudolf Meyer war diese: Emil Bock wollte Brücken bauen zur liberalen Theologie, an der er eine gewisse »Ehrlichkeit« erlebte; er wollte ohne Anleihen bei der Anthroposophie die Evangelien aus sich selber erklären. Es ging ihm darum, dass die eigene theologische Arbeit auf andere Theologen eine »Werbekraft« entfaltet. Rudolf Meyer waren solche Rücksichten fremd. Er lebte ganz aus der Anthroposophie und für die Anthroposophie und hatte nicht die Hoffnung, dass viele protestantische Theologen oder Pfarrer für die neue Bewegung gewonnen werden könnten. Das hatte ihm der zweite Theologenkurs gezeigt. Er lebte in der Überzeugung, die Rudolf Steiner ein halbes Jahr später am 7. September 1922 so formuliert hat: »Aber diese neue Gemeinschaft beruht eben auf der Überzeugung, dass dieses Alte einmal nicht verbesserungsfähig ist. Nur auf diesem Felsen kann dasjenige ruhen, was Sie begründen wollen.« (GA 344, S. 38)

Zu dieser inhaltlichen Seite des Konfliktes kam natürlich die persönliche Verschiedenheit der Charaktere hinzu: Emil Bock war eine Kämpfernatur. Das drückt sich unter anderem auch in seiner Sprache aus, in der häufig militärische Bilder zu finden sind. So ist zum Beispiel in dem oben genannten Kurs von »Stoßkraft« die Rede. Rudolf Meyer dagegen war ein Mensch, der sich stets darum bemühte, Frieden und Ausgleich zu stiften. Das geht auch aus der Art hervor, wie er in den Briefen an seine Eltern den Konflikt mit Emil Bock beschrieben hat. Er war ein merkurialer Mensch, er hätte nie vor anderen Kollegen eine Arbeit von Emil Bock so kritisiert, wie dieser es mit der seinen getan hatte. Das hat er unter anderem Jahrzehnte später dadurch bewiesen, dass er sein Buch *Die Wiedergewinnung des Johannes-Evangeliums,* das in vieler Hinsicht einen Gegenentwurf zu Emil Bocks *Die drei Jahre* darstellt, erst mehrere Jahre nach dessen Tod veröffentlicht hat.

Auch in der Art, wie er in einem Brief vom 14. Mai 1970 an Paul Balke, der an den Vorbereitungen der Gründung beteiligt war, von den damaligen Konflikten schrieb, zeigt sich seine friedliebende Seele: »Es wirkten damals in der Entstehungszeit der Christengemeinschaft starke Antipathiekräfte neben allem Begeisternden und Freundschaftlichen in diesem Kreise. Teilweise eben, wie Sie ja in Berlin-Charlottenburg es miterlebten [März 1922], bis zum Auseinandersprengen des Kreises. Man muss sich rückschauend nur wundern, dass der Kreis im Ganzen doch beieinander blieb. Es stießen polare karmische Geistesströmungen aufeinander, um sich zu ergänzen, statt sich zu verdammen und zu verbrennen.« (unveröffentlicht, Archiv der Christengemeinschaft, I.1.46)

Und wenn man den Bericht von Emil Bock vom 17. März 1922 an seine Braut im Rückblick auf den Konflikt liest, in dem von den Missverständnissen der »Leute«, von »unberechtigter Kritik an Rittelmeyer und mir«, die »sich dann auch auf meine Art, den Kursus zu halten, übertrug«, von »tausend gefühlsmäßigen Erwartungen und Illusionen«, von tanzenden Teufeln und von »Besessenheit der Leute« die Rede ist, dann sieht man, mit welcher Wucht das Selbstbewusstsein Emil Bocks gewirkt hat und entsprechende Gegenreaktionen hervorgerufen haben muss. In diesem Zusammenhang fällt dann der Satz: »Rudolf Meyer war nach Heisler der schlimmste.« (unveröffentlicht, Archiv der Christengemeinschaft, I.1.2)

Dass man sich schließlich doch auf einen gemeinsamen Aktionsplan einigte, ist ausschließlich dem Eingreifen Rudolf Steiners zu verdanken, der die Memoranden-Aktion, die er selbst vorgeschlagen hatte, gegen die Einsprüche und Bedenken Emil Bocks und Friedrich Rittelmeyers verteidigte.

Damit war allerdings der Konflikt nicht wirklich gelöst. Denn Rudolf Meyer war durch die Auseinandersetzungen, die sich beim Vorbereitungstreffen der Gründung in Breitbrunn im August 1922 fortsetzten, so beeinträchtigt, dass er sich nicht entschließen konnte, von dort mit den anderen nach Dornach zur Gründung zu reisen. Er selbst beschrieb dies im Brief an seine Eltern mit folgenden Worten: »Gegensätze der Auffassung der ganzen Arbeit, die bestanden, traten dadurch noch wieder ans Licht. Das Endergebnis ist, dass ich vorläufig Ruhe brauche.« (Ebenda.)

Er blieb also in Breitbrunn bei Margareta Morgenstern und Michael Bauer, um sich von den Belastungen zu erholen, die sich für ihn aus den Auseinandersetzungen, besonders mit Emil Bock, ergeben hatten. Und er war sehr erstaunt, dass er auf Initiative Rudolf Steiners nach Dornach gerufen wurde, wo er am 17. September abends, nachdem alle Priesterweihen vollendet waren, ankam.

Er nahm an den folgenden Tagen an der Menschenweihehandlung teil, nicht aber an den Versammlungen der Gründer mit Rudolf Steiner.

Erst am 22. September nachmittags, als Rudolf Steiner bei der abschließenden Zusammenkunft im Atelier den Gründern die Christusstatue zeigte, war er dabei und hatte anschließend ein Gespräch mit Rudolf Steiner. Über den Inhalt dieses Gespräches wissen wir nichts, abgesehen davon, dass es ihm über seine Schwierigkeiten hinweghalf und seine

Priesterweihe durch J. W. Klein in Hamburg am 22.10.1922 ermöglichte.

Rittelmeyer hatte die größeren Schwierigkeiten mit Hermann Heisler, Bock mit Rudolf Meyer. Glücklicherweise griff Rudolf Steiner in beiden Fällen von sich aus aktiv ein und rief sowohl Heisler – wie wir gesehen haben – als auch Meyer zu Gesprächen zu sich, in denen die Situation geklärt und die Weihe ermöglicht werden konnte. Im Falle Rudolf Meyers empfahl er diesem bei jenem Gespräch auch, nicht in Hamburg, sondern in Breslau zu arbeiten, was dieser auch freudig aufgriff.

So sehen wir auch an diesem Beispiel des aktiven Eingreifens Rudolf Steiners in die Unstimmigkeiten unter den Gründungsmitgliedern der Christengemeinschaft, wie er nicht nur auf Fragen helfend und mit Ratschlägen bei der Gründung tätig war, sondern wie er energisch von sich aus in Schicksale eingegriffen hat.

Der Heilende

Nachdem medizinische Ratschläge auch in den vorherigen Beispielen bereits eine Rolle gespielt haben, sollen hier nun einige Beispiele dafür gegeben werden, wie Rudolf Steiner zahlreichen Menschen Ratschläge hinsichtlich einer Medikation gegeben hat und wie sich diese bewährt haben.

Heinz Müller (1899–1968)

Heinz Müller, einer der ersten Waldorflehrer in der zweiten Waldorfschule in Hamburg-Wandsbek, wurde Rudolf Steiner Ende August 1921 beim öffentlichen Kongress in Stuttgart im Gustav-Siegle-Haus als junger Student vorgestellt. Rudolf Steiner wunderte sich und fragte ihn: »Wie kommt es, dass Sie als ein so junger Mensch schon Mitglied der Anthroposophischen Gesellschaft sind?« Heinz Müllers Antwort lautete etwa: »Mit 18 2/3 Jahren musste ich fünfmal aufs schwerste operiert werden. Nach der letzten Operation stellten sich Rückschauerlebnisse ein, die bis in mein Geburtszimmer in deutlichen Bildern zurückreichten. Das veranlasste mich, so lange zu suchen, bis ich in Ihrem Werk die Erklärung für solche Erscheinungen fand.«

Daraufhin lud ihn Rudolf Steiner zu einem ausführlicheren Gespräch am folgenden Tage ein. Interessant ist, wie Heinz Müller den Beginn dieses Gespräches mit Rudolf Steiner schildert: Er »öffnete selbst, führte mich in sein Arbeitszimmer und schob mir einen Stuhl mit hoher Lehne an den Schreibtisch. In diesem Augenblicke waren alle meine großen Gedanken verschwunden, und die alberne Vorstellung beunruhigte mich: ›Jetzt wird der Geistesforscher deine sämtlichen Wesensglieder betrachten können und gewiss manch schrecklichen Flecken darin entdecken.‹ Es half dem Wartenden nichts, dass er sich ob solcher kuriosen Seelenqualen innere Vorwürfe machte. Ich fand zunächst keine Ruhe. Rudolf Steiner schien jedoch nichts weiter zu tun zu haben, als einiges auf dem Bücherbord hinter ihm und auf dem Schreibtisch zu ordnen. Er wendete sich erst in dem Augenblick seinem Gaste voll zu, als dieser seine innere Ruhe wiedergefunden hatte. Nun forderte er mich auf, so gründlich und ausführlich wie möglich zu berichten.«

Heinz Müller schildert nun Rudolf Steiner seine Operationen, seine dabei aufgetretenen Träume und seine Out-of-body-Erlebnisse einschließlich einer Lebensrückschau bis zu seiner Geburt.

»An der Tür beim Verabschieden zögerte er noch einen Augenblick und fragte, ob es mir wohl recht sei, wenn er an einem der nächsten Tage die doch zweifellos sehr erheblichen Operationsnarben einmal untersuchen würde. Selbstverständlich willigte ich gern ein. Und so kam es, dass er vor allem die zwei großen Narben von der ersten und der letzten Operation sich gründlich vornahm. Bei der ersten sagte er, dass durch die starken Eiterungen der größte Teil des Netzes nicht mehr vorhanden wäre. Ich konnte ihm bestätigen, dass aus der sich nur sehr langsam schließenden Wunde große Stücke feiner Häute abgesondert worden waren. Beim Untersuchen der zweiten Narbe sagte er: ›Da haben Sie zwei hässliche Verwachsungen zwischen der Bauchaorta und dem Darm.‹ Und nach einer kleinen Pause fügte er hinzu: ›Wenn Sie dadurch einmal Schwierigkeiten bekommen sollten, lassen Sie auf keinen Fall eine neue Operation zu, denn die dabei entstehenden Verwachsungen können nur noch unangenehmer werden.‹ Er tastete immer wieder aufs Genaueste diese Stelle ab, und ich konnte sehen, wie sich plötzlich sein Gesicht deutlich erhellte: ›Wenn von hier einmal ohnmachtartige Anfälle ausgehen sollten, müssten Sie sich sofort in die Behandlung eines tüchtigen Arztes begeben, der dann mit dem *großen Herz-E* hilfreich eingreifen kann.‹ Was ›das große Herz-E‹ in der Heileurythmie bedeutet, erlebte ich dann fünf Jahre später, als die von Rudolf Steiner vorausgesagten Komplikationen eingetreten waren und ich mich sofort in die Behandlung von Frau Dr. Ita Wegman begab, die mir dann auch entscheidend und für immer helfen konnte.« (Heinz Müller, *Spuren auf dem Weg*, S. 19ff.)

An dieser Schilderung sieht man, dass Rudolf Steiner auch im medizinischen Bereich nicht nur darauf wartete, dass Menschen ihn um Rat fragten, sondern dass er selbst die Initiative zu einem Gespräch ergriff, den Menschen zu sich einlud und von sich aus darum bat, ihn auch körperlich untersuchen zu dürfen. Erstaunlich ist, dass sein Rat sich nicht etwa auf Maßnahmen in der Gegenwart bezog, sondern auf eine in der Zukunft liegende mögliche Situation, die dann auch wirklich eingetreten ist. Und sein Rat war für diese künftige Situation hilfreich.

Wilhelm Ruhtenberg, in Estland geboren und aufgewachsen, war zunächst evangelischer Pastor, wurde dann aber, nachdem er die Anthroposophie kennengelernt hatte, 1921 Waldorflehrer in Stuttgart. Er nahm an den so genannten Theologenkursen und dann an der Gründung der Christengemeinschaft 1922 teil, arbeitete zunächst als Lehrer weiter und später dann als Priester. Er hat zwei eindrucksvolle Schilderungen von Situationen hinterlassen, in denen Rudolf Steiner ihm medizinisch geholfen hat.

Wilhlem Ruhtenberg (1888–1954)

»Einmal, an einem Sonntage, auf dem Wege zur Schule begegnete mir der Herr Dr. Steiner. Er sah, dass ich meine rechte Hand in einem Verband und in einer Binde trug und fragte mich, was ich denn da hätte? Ich erzählte – ich hatte mich gestoßen, eine ganz kleine Hautverletzung am Finger nicht beachtet, und dann sei die ganze Hand angeschwollen und vereitert. ›Aha, Dreck hinein gekommen?‹, sagte Dr. Steiner. ›Nehmen Sie Arnica – und abbinden.‹ Dabei schaute er sehr eindringlich auf meinen Verband und korrigierte: ›Nein, nicht Arnica, nur abbinden!‹ – Ich fragte, wo und wie abbinden und für wie lange? Am Handgelenk sollte ich abbinden für den ganzen Tag und die Nacht! Ich befolgte den Rat. In der Nacht tat der Blutandrang recht weh, – aber dann (nachdem alle vorangegangenen üblichen Behandlungen mit heißem Wasser und *Foenum graecum* [Bockshorn-Klee] nichts genützt hatten) ging die Wunde von selbst auf, aller Eiter strömte heraus, die Hand schwoll ab und war in kurzer Zeit wieder gesund …«

»Eines Tages, als ich aus der Schule kam, begegnete mir ein befreundeter Arzt, der gerade zur Schule hineingehen wollte.

Als wir uns begrüßten, sagte er zu mir: ›Na, wie schauen Sie denn aus? Geht es Ihnen nicht gut?‹ Ich antwortete ihm, ich wüsste nicht warum, höchstens, – ja, ich fühlte mich seit einiger Zeit innerlich müde, wie beschwert von einer körperlichen Last. – ›Kommen Sie mal zu mir in die Sprechstunde!‹, sagte er. ›Ich habe leider kein Geld‹, antwortete ich. ›Das macht nichts‹, sagte er, ›kommen Sie nur!‹

Nach einigen Tagen besuchte ich ihn. Als er die Untersuchung beendet hatte, sagte er: ›Na ja, gerade das, was ich mir gleich gedacht hatte, als ich Sie neulich sah: Diabetes.‹ – ›Mein Großvater hat auch Diabetes gehabt, mein Vater nicht, aber ein Onkel von mir auch.‹ – ›Nun, das ist ja die richtige Mendelsche Vererbungslinie‹, sagte er. Ich dachte: Soviel ich von der Naturwissenschaft gelernt habe, ist man heute der Meinung, dass vererbte Krankheiten unheilbar seien. Aber ich schwieg. Der Arzt gab mir dann die nötigen Verhaltungsmaßregeln, verordnete die übliche Diät und sagte schließlich: ›Außerdem brauchen Sie dazu eine Meditation; die kann ich Ihnen aber nicht geben. Wenden Sie sich deswegen an Dr. Steiner.‹

So kam es, dass ich nun doch meinetwegen mich an Dr. Steiner wenden musste, richtiger: meiner Gesundheit wegen. Ich erinnerte mich, dass Dr. Steiner einmal die Äußerung getan hatte: ›Man hat ja auch die Pflicht, gesund zu sein!‹ Und so konnte ich mich nun sogar verpflichtet fühlen, Herrn Dr. Steiner um Rat zu fragen.

Nach einer Konferenz (im kleinen blauen Saal in der Landhausstraße) konnte ich Herrn Dr. Steiner erzählen, was der Arzt gefunden und verordnet hatte, und dass ich ihn um eine entsprechende geistige Übung bitten sollte. Sofort schrieb Herr Doktor auf einen Zettel die Übung auf und erklärte mir genau, wie sie ausgeführt werden muss. In dem Augenblick leuchtete es mir ein: dies muss ja zur Gesundung helfen, das ist ganz begreiflich. Es kommt nur darauf an, dass ich es tue. – Auch veränderte und ergänzte Dr. Steiner noch die Anordnungen des Arztes (in Bezug auf die heißen Bäder) verschrieb mir seinerseits *Hyosciamus niger* [Schwarzes Bilsenkraut] (in welcher Dezimale weiß ich leider nicht mehr).

Ich befolgte gewissenhaft den Rat, nahm die Medizin und unterzog mich der vorgeschriebenen Kur, die einige Wochen dauerte. Dann ging ich wieder zu dem Arzt zur Untersuchung. Wie war ich erstaunt, als er feststellte, dass ich keinen Zucker mehr hatte. Da fragte ich ihn: ›Sagen Sie, bitte, Herr Doktor, ist es nicht die Meinung der heutigen Wissenschaft, dass vererbte Krankheiten unheilbar seien?‹ – ›Ja‹, antwortete er, ›das meint die heutige Wissenschaft.‹ – ›Und ich hatte das gewusst!‹

Als ich dann dies Ergebnis Herrn Dr. Steiner mitteilte, gab er mir noch genaue Anweisung, wie ich weiterhin die Übung handhaben sollte, damit ich keinen Rückfall bekomme. Seitdem habe ich nie wieder Diabetes gehabt, trotz der ›Erbanlage‹ und trotz des Genusses vieler Süßigkeiten.« (Erinnerungen Wilhelm Ruhtenbergs vom 13. November 1949, S. 7f., unveröffentlicht, Archiv der Christengemeinschaft, I.1.14)

Zu bemerken ist, dass Wilhelm Ruhtenberg diese Erinnerungen etwa 25 Jahre nach dem medizinischen Ratschlag Rudolf Steiners aufgeschrieben hat. Die von ihm empfohlenen Maßnahmen haben also nachhaltig gewirkt.

Emma KLein
(1874–1956)

Emma Klein, die Frau des schon erwähnten Pfarrers Paul Klein in Mannheim und Mutter von Gerhard Klein, erhielt ebenfalls einmal einen hilfreichen medizinischen Rat Rudolf Steiners:

»Einmal bat Paul Klein um Hilfe, da Frau Emma schwer an einer Nervenentzündung erkrankt war. Der Sohn sollte sich Rat holen bei einem Vortrag in Stuttgart. Dr. Steiner besann sich ein wenig und sagte dann: ›Nehmen Sie Rosmarinblätter, pressen Sie sie in heißem Wasser fest aus und machen sie Umschläge!‹ Auf einen etwas hilflosen Blick hin fügte er hinzu: ›Ach so, woher nehmen! Gehen Sie unten in die Schlossgärtnerei, dort muss es Rosmarinstöcke geben!‹ Wirklich, da gab es welche. Denn damals gab es ja noch keine Heilmittel der Weleda. Es verging ein Vierteljahr. Bei einem Vortrag in Darmstadt, der tumultuarisch verlief, war der Sohn anwesend. Er stand abseits, als Dr. Steiner sich einen Weg zu ihm bahnte – er, der doch so viel anderes im Kopf haben musste! – und ihn fragte: ›Wie geht es Ihrer Frau Mutter, hat der Rosmarin geholfen?‹ Welche Frage bejaht werden konnte.« (Gerhard Klein in *Erinnerungen an Rudolf Steiner*, S. 140).

Moritz Bartsch
(1869–1944)

Moritz Bartsch war Lehrer und Rektor in Breslau und hatte Rudolf Steiner anlässlich eines Vortrages 1908 kennengelernt. Er studierte dessen *Philosophie der Freiheit* und setzte sich in der Dreigliederungsbewegung ein. Er war die Seele der anthroposophischen Bewegung in Schlesien.

»Am 14.5.1922 kam Rudolf Steiner auf einer

großen Vortragsreise durch Deutschland auch nach Breslau. Ich stand damals dicht vor der Pforte des Todes. Konnte ich doch zeitweise nur noch etwas Zwieback und Milch genießen. Graf Keyserlingk hatte mich ersucht, während Dr. Steiners Aufenthalt in Koberwitz auch im Schlosse zu wohnen. Gelegentlich sagte die Gräfin: ›Herr Doktor Steiner, was machen wir mit Herrn Bartsch, der will schon in die geistige Welt gehen, und wir brauchen ihn doch hier auf Erden noch sehr nötig?‹ Daraufhin fragt er mich, was mir fehle. ›Ich weiß es nicht‹, antwortete ich, ›der Arzt behandelt mich jetzt als Leberkranken.‹ Daraufhin blickte er mich ein paar Sekunden mit seinem bis ins Seelische durchdringenden Blick an und sagte: ›Sie müssen nach Stuttgart kommen, Herr Bartsch, und dort geimpft werden.‹ Nun war mir bekannt, dass auf seine Angaben hin von unseren Ärzten und Apothekern ein Mittel gegen Krebs geschaffen worden war. Ich ahnte etwas. Bei meinem Besuch bei Dr. Palmer in unserem klinisch-therapeutischen Institut in Stuttgart fand ich diese Ahnung bestätigt. Ich machte nun eine Kur mit diesem Mistelpräparat und war in einigen Monaten wieder so weit hergestellt, dass ich allen meinen Pflichten nachkommen konnte.« (*Erinnerungen an Rudolf Steiner*, Stuttgart 1979, S. 475)

An diesem Bericht kann man sehen, dass Rudolf Steiner sogar in einer Gesellschaft persönlichen medizinischen Rat gab, der auf einem durchdringenden diagnostischen Blick beruhte. Gleichzeitig sieht man an der Schilderung, wie feinfühlig Rudolf Steiner sich äußerte, indem er dem Betroffenen in Gegenwart anderer nicht eine Krebsdiagnose mitteilte, sondern ihm lediglich eine Perspektive zur Heilung aufzeigte, die dann auch so eintrat, dass Herr Bartsch noch 22 Jahre lebte.

Niklaus Fiechter, geboren 1914, war der Sohn des Schweizer Professors Ernst Fiechter, einem Archäologen und Architekten, der später Priester der Christengemeinschaft wurde. Er ging in Stuttgart auf die Waldorfschule. Beim Reparieren eines Lederballes verletzte er sein rechtes Auge derartig mit einem Schraubenzieher, dass der behandelnde Arzt wegen der Gefahr einer sympathischen Ophthalmie dazu riet, das Auge herauszunehmen. Ein zweiter Arzt riet trotz dieser Gefahr davon ab. So wandten sich die Eltern an Dr. Otto Palmer vom Klinisch-Therapeutischen Institut in Stuttgart.

»Er hatte den Mut, mich in Behandlung zu nehmen und die Verantwortung zu übernehmen und so die Geschicke zu leiten. Während 3–4 Tagen wurde ich in eiskalte Tücher gepackt, welche alle 2 Stunden erneuert werden mussten. Diese kalten Ganzpackungen waren eine schwer ertragbare Prüfung für mich – wie für meine Umgebung (Antibiotika gab es damals noch nicht). Die Mutter kam mit einer großen Waschschüssel mit dem eiskalten Wasser. Ein Bettleintuch wurde damit getränkt und ausgewunden und damit wurde ich nun – Hände und Arme an die Körperseiten angelegt – straff eingepackt, vom Hals bis zu den Füßen. Ich kam mir vor wie eine Mumie. Gelegentlich wurde mit zwei Wärmflaschen an den Seiten die Prozedur etwas gemildert, so dass ich nicht ganz zu einem Eiszapfen wurde. Meine Mutter musste mir vorlesen, damit die Zeit verging ...

Am 6. Mai 1924 wurde ich dann erstmals Dr. Steiner vorgestellt. Ich war damals gerade zehnjährig. Er forderte mehr Umschläge mit *Zinkum metallicum* D 5 auf die Nierengegend. Am 19. Juni 1924 wurde ich erneut Dr. Steiner vorgestellt, es ging mir damals nicht besonders gut, und er scheint sogar wegen meines schlechten Zustandes einen Tag früher als geplant von Koberwitz abgefahren zu sein. Dort hatte er gerade den Landwirtschaftlichen Kurs gehalten. Diesmal verordnete er, mir Umschläge auf die Augen zu machen, aus einer Mischung von Alaun – *Kalium jodatum* und *Aesculin*. Den Ärzten sagte er, dass dadurch die Ätherkräfte aus dem Kosmos ferngehalten werden können ... An diesem 19. Juni 1924 erhielt ich von Dr. Steiner auch eine Meditation. Er stand an einem Stehpult in der Klinik am Fenster und schrieb diese Meditation auf einen Rezeptblock des klinisch-therapeutischen Institutes für mich auf. Er stand da ... schaute in die Weite, so dass ich den Eindruck bekam, er beschäftige sich mit einer geistigen Beobachtung. Dann sprach er laut und deutlich einige Worte, welche er dann niederschrieb. Dann schaute er wieder weit weg ... sprach einige Worte und schrieb dieselben wieder nieder. So entstand diese Meditation. Gleichzeitig bemerkte ich, dass sich bei ihm irgendwelche inneren Regungen abspielten, wie wenn zudem etwas in ihm vorging, was weit mehr war, als das, was dann ausgesprochen niedergeschrieben wurde ...

Am 4. September 1924 sah ich Rudolf Steiner das letzte Mal in Stuttgart. Viele Menschen saßen im Wartezimmer im klinisch-therapeutischen Institut und warteten seit Stunden auf sein Kommen. Da ich alle vorhandenen Bilderbücher und die ›Gartenlaube‹ auswendig kannte, ließ ich meine Mutter allein warten und begab mich in den Garten, um mir die Zeit zu vertreiben. Da fuhr plötzlich das Auto mit Rudolf Steiner den Weg hinauf. Ich stand gerade wie als Empfangsperson am Weg. Der schwarz gekleidete Herr stieg aus und was sah ich: Er trug feste, kniehohe Reitstiefel und er ging trotz der langen Reise, welche er hinter sich hatte, mit festem Schritt zum Klinikeingang. Später wurde ich dann in das Arztzimmer gerufen. Diesmal gab es erneut äußerliche Verordnungen. Die Apotheker Spiess und Spörr mussten aus dem Hollundermark und aus Archangelika – gemischt – ein Präparat für Nierenumschläge herstellen. Die zwei Substanzen sollten zuerst 10 min lang bei 37° erwärmt werden, dann kurz auf 100° erhitzt werden, und dann nochmals 10 min bei 37° gehalten werden. Diese – wohl nicht ganz leicht durchschaubare pharmazeutische – Zubereitung erwähne ich, um Ihnen zu zeigen, wie schöpferisch Rudolf Steiner bei seinen Heilmitteln schon in der Zubereitung vorging ...« [Es folgt eine Charakterisierung der Stoffe und Kräfte, die diese Verordnung enthält, durch Niklaus Fiechter.]

Anfang Januar 1925 war Niklaus Fiechter mit seinen Eltern in Dornach. Rudolf Steiner lag bereits krank im Atelier der Schreinerei darnieder. Wenige Menschen hatten Zugang zu ihm. Trotzdem empfing er Niklas mit seiner Mutter.

»Am 6. Januar 1925 ließ uns Frau Dr. Wegman plötzlich wissen, dass wir um 12:00 Uhr mittags in die Schreinerei kommen sollten. Sie empfing uns am Eingang zum Atelier. Durch eine Verbindungstür konnte man von dem großen Saal, in welchem auch während der Weihnachtszeit Vorträge und die Weihnachtsspiele stattfanden, in sein Atelier gelangen. In einem kleinen Vorraum warteten wir. Die dort vorhandenen Gestelle waren mit einer Unmenge von Briefen, Dokumenten et cetera angefüllt. Dann eröffnete Dr. Wegman die Tür zum Atelier. Meine Mutter blieb bescheiden an der Eingangstür stehen. Ich musste ganz allein den großen Raum durchqueren. Zuerst sah ich nur die enorme, große Christusstatue – sonst nichts. Dann erst sah ich unmittelbar davor das Bett von Rudolf Steiner. Es war kein leichter Weg durch den Raum, den ich ja nicht kannte, nun ganz allein auf Rudolf Steiner hinzugehen. Und ich war ja erst zehn dreiviertel Jahre. Rudolf Steiner lag in seinem Bette in einem weißen Nachthemd. Am Kopfende des Bettes fanden sich Stapel von Büchern. Er setzte sich auf den Rand seines Bettes, begrüßte mich und schaute dann lange und tief in mein krankes Auge, nachdem der Verband abgenommen war. Was er für Fragen stellte oder was er sprach, ich weiß es nicht mehr. Ich war so überwältigt von der Nähe von Rudolf Steiner und der übergroßen Christusfigur hinter seinem Bette, dass in mir alles zu Ehrfurcht wurde. Der Raum verschwand, alles wurde Weite, Licht und Wärme. Zum Schluss legte er seine Hand auf meinen Kopf und sagte: ›Es ist gut so.‹ Diese Worte konnte ich aufnehmen, und habe sie nie mehr vergessen.

Diese letzte Begegnung war ein ganz besonderes Geschenk. Rudolf Steiner, dessen physischer Leib 1925 schon recht schwach geworden war, fand noch die Kraft, einen kleinen Jungen zu empfangen und ihm Mut und Kraft auf seinen zukünftigen Lebensweg zu geben.« (Aufgezeichnet im Juli 1988, Archiv am Goetheanum)

Niklaus Fiechter wurde später selber Arzt. Sein Auge war erhalten geblieben.

Phöbe Baratto, Schwester der Eurythmistin Lidia Baratto, ist 1897 in Italien geboren und dort aufgewachsen. Ihr Vater, katholisch aufgewachsen, war baptistischer Missionar geworden und wirkte in verschiedenen Städten Italiens, zuletzt in Viterbo. Sie hatte als Kind eine Lungentuberkulose überstanden, als junge Erwachsene in einer Schule für knochentuberkulöse Kinder in Rom gearbeitet und war 1920 Mitglied der Anthroposophischen Gesellschaft in Rom geworden. Sie war sehr stark an religiösen Fragen interessiert, besonders an den Fragen der Sakramente, in die sie ein katholischer Priester einführte. So kam es, dass sie bei ihrem ersten Gespräch mit Rudolf Steiner am 28. September 1921 in Dornach nach der Erörterung ihrer pädagogischen Fragen die weitere Frage anschloss, »wie man heute Mystik, das heißt im modernen Sinne die Pflege einer realen bewussten Verbindung mit dem Geistigen, vereinigen könne mit dem heutigen Bewusstsein mit dem heutigen Leben«. Rudolf Steiner antwortete ihr, Anthroposophie strebe gerade dieses an. Sodann fragte sie nach dem Wesen der Sakramente: »Wenn das Rituelle das Irdische mit Geistigem verbindet, indem ein Irdisches (Brot, Wein, Salz, Öl ...) im Opfer vergeistigt wird und dieses Irdische in der Anthroposophie fehlt, wie kann dann das Wesenhafte des Sakramentes, welches in der Eucharistie – wie es mir schien – seine höchste Vollendung erreicht, heute noch erhalten und entsprechend verwirklicht werden? Dr. Steiner schwieg lange, dann gab er mir eine Antwort, aus welcher ich verstehen konnte, dass die menschliche Tätigkeit im Denken, das heißt ein Streben zum Erleben des Geistigen bis in die Meditation, dem irdischen Element entsprechend ist, das sich mit dem Geistig-Realen verbinden kann und dadurch ›Sakrament‹ zwischen Menschlichem und Geistigem wird.«

Als sie im Sommer 1923 nach Stuttgart kam, hatte sie von der Gründung der religiösen Bewegung im Jahre 1922 erfahren und hörte ihre Freunde begeistert über die Christengemeinschaft und den neuen Kultus reden. Das irritierte sie: »Wie konnte Rudolf Steiner, der die modernste, zukunfttragendste Bewegung ins Leben gerufen hatte, indem er einen nie dagewesenen Weg der bewussten Verbindung mit der geistigen

Welt eröffnet hatte, wie konnte er auf den äußeren Kultus zurückgegriffen haben, entgegen seiner geistigen Berufung?«

Im Sommer 1924 war sie wieder in Dornach. Ihr Mann, Dr. Giovanni Colazza, mit dem sie seit 1922 verheiratet war, hatte sie angeregt, sich wegen ihrer Gesundheit in die Behandlung von Frau Dr. Wegman zu begeben. Diese eröffnete ihr die Möglichkeit einer Konsultation Rudolf Steiners. Dazu kam es am Morgen des 13. Juli 1924 in der Klinik in Arlesheim. »Als ich empfangen wurde, fragte sie [Dr. Wegman] Rudolf Steiner im Laufe der Schilderung meines Krankseins, ob für mich nicht heilsam sein würde, an dem Kult der Christengemeinschaft teilzunehmen. Rudolf Steiner schwieg und schaute mich an. Diese Situation gab mir die Möglichkeit, mich selbst dazu zu äußern. Ich wandte mich direkt an Dr. Steiner, knüpfte an das erste Gespräch im Jahre 1921 und an seine Worte über das geistig Wesenhafte des anthroposophischen Weges an und schilderte, was ich in Stuttgart im Jahr 1923 erlebt hatte. Von seinem Vortrag vom 30. Dezember 1923 wusste ich damals noch nichts. Dr. Steiner hörte schweigend zu. Dann aber fühlte ich mich genötigt, ihn direkt zu fragen, wie ich verstehen könne, dass er – der Inaugurator des neuen rein geistigen ›Kultus‹, so wie er selbst ihn mir damals als das Wesen der Anthroposophie geschildert hatte – doch neben diesem auch eine kultische Strömung mit rituellen Formen ins Leben gerufen hat. – Nach einer Pause sagte Rudolf Steiner mit größtem Ernst: ›Ich habe die Christengemeinschaft nicht gewollt – aber die geistige Welt hat sie gewollt.‹ … Dann wandte er sich zu Frau Dr. Wegman und sagte: ›Geben Sie Frau Colazza keine Arzneien, sie wirken auf ihren Organismus wie Gift‹, und gab mir eine Meditation.«

Danach geleitete Frau Dr. Wegman sie mit den Worten hinaus: »Nachdem, was Dr. Steiner gesagt hat, bleibt mir nichts anderes übrig, als Sie aus meiner Behandlung zu entlassen.«

An diesem Vorgang ist sehr beeindruckend, wie Rudolf Steiner über die Gründung der Christengemeinschaft sprach, weil sehr deutlich wird, wie sein Anteil daran einem Auftrag aus der geistigen Welt entsprach und nicht in seinem eigenen Willen begründet war. Er stellte sich in den Willen der geistigen Welt hinein und sorgte dafür, dass dieser auf Erden eine angemessene Form erhielt. Aber im Sinne unseres Themas ist noch interessanter, mit welcher Ruhe er die gestellten Fragen in sich aufnahm und dann mit nur zwei Sätzen dieses schwierige und komplexe Thema beantwortete. Noch wichtiger im Sinne dieses Kapitels ist allerdings, wie er die ursprüngliche Frage Dr. Wegmans gar nicht beantwortete und damit der Patientin zu verstehen gab, dass der Kultus der Christengemeinschaft nicht einfach aus Gründen der persönlichen Gesundheit gesucht werden sollte, und wie er gleichzeitig die gesundheitliche Situation der Patientin so durchschaute, dass er von der Verschreibung von Arzneien abraten musste. Stattdessen gab er eine Meditation, was man so deuten kann, dass er der Frau zutraute, ihre gesundheitliche Situation durch geistige Anstrengung verbessern zu können. An diesem Beispiel sieht man einmal mehr, wie überraschend individuell Rudolf Steiner raten konnte.

1940 heiratete Phöbe Colazza-Baratto den Mann ihrer Schwester Lidia, Hans Arenson, den Sohn von Adolf Arenson. Deswegen unterschrieb sie ihre Erinnerungen, die sie im November 1968 in Dornach niederschrieb und aus denen hier zitiert wird, mit dem Doppelnamen Arenson-Baratto. (unveröffentlicht, Archiv der Rudolf-Steiner-Nachlassverwaltung)

Gegenbeispiel

Franz Kafka
(1883–1924)

Nicht jeder gute Arzt ist für jeden Patienten der richtige. So war auch Rudolf Steiner nicht für jeden der richtige Berater. Oder anders ausgedrückt: Es gibt auch Beispiele für Begegnungen, in denen es Rudolf Steiner nicht gelang, dem Fragenden eine ihn befriedigende Antwort zu geben. Als Beispiel kann das Gespräch dienen, das *Franz Kafka* mit ihm im März 1911 in Prag hatte. (Zitiert nach: Kafka, Tagebücher 1910–1923.)

Kafka verkehrte unter anderem in Prag auch im Salon der Anthroposophin Berta Fanta. Er besuchte Vorträge Rudolf Steiners (*Eine okkulte Physiologie,* Vorträge vom 20.–28. März 1911) und notiert am 26. März in seinem Tagebuch: »Theosophische Vorträge des Dr. Rudolf Steiner, Berlin.« Am 27. oder 28. März 1911 führte er im Hause der Frau Fanta ein Gespräch mit Steiner, über das er am 28. März 1911 in seinem Tagebuch Notizen machte.

Dort heißt es: »Er ist vielleicht nicht der größte gegenwärtige Geistesforscher, aber er allein hat die Aufgabe bekommen, die Theosophie mit der Wissenschaft zu vereinigen. (...) Dass ich Dr. Steiner aufsuchen werde, wurde mir von einer Dame als beginnende Rückerinnerung ausgelegt. – Der Arzt der Dame hat, als sich bei ihr die Anfänge einer Influenza zeigten, Dr. Steiner um ein Mittel gefragt, dieses der Dame verschrieben und sie damit gleich gesund gemacht.« (S. 39)

Nach einer Schilderung der äußeren Umstände des Empfangszimmers schreibt er über seine innere Lage:

»Ich fühle, wie ein großer Teil meines Wesens zur Theosophie hinstrebt, gleichzeitig aber habe ich vor ihr die höchste Angst. Ich befürchte nämlich von ihr eine neue Verwirrung, die für mich sehr arg wäre, da eben schon mein gegenwärtiges Unglück nur aus Verwirrung besteht.« Er ist hin- und hergerissen zwischen seiner inneren Berufung als Schriftsteller und seinem äußeren Beruf als Beamter in einer sozialen Versicherungsanstalt und hat das Gefühl, keinem von beiden wirklich gerecht werden zu können und sich dabei zufrieden und glücklich zu fühlen. »Im Büro genüge ich äußerlich meinen Pflichten, meinen inneren Pflichten aber nicht, und jede nicht erfüllte innere Pflicht wird zu einem Unglück, das sich aus mir nicht mehr rührt. Und zu diesen zwei nie auszugleichenden Bestrebungen soll ich jetzt die Theosophie als dritte führen? Wird sie nicht nach beiden Seiten hin stören und selbst von beiden gestört werden? Werde ich, ein gegenwärtig schon so unglücklicher Mensch die drei zu einem Ende führen können? Ich bin gekommen, Herr Doktor, Sie das zu fragen, denn ich ahne, dass, wenn Sie mich dessen für fähig halten, ich es auch wirklich auf mich nehmen kann.

Er hörte äußerst aufmerksam zu, ohne mich offenbar im Geringsten zu beobachten, ganz meinen Worten hingegeben. Er nickte von Zeit zu Zeit, was er scheinbar für ein Hilfsmittel einer starken Konzentration hält ...« (S. 40f.)

»Mein Glück, meine Fähigkeiten und jede Möglichkeit, irgendwie zu nützen, liegen seit jeher im Literarischen. Und hier habe ich allerdings Zustände erlebt (nicht viele), die meiner Meinung nach den von Ihnen, Herr Doktor, beschriebenen hellseherischen Zuständen sehr nahestehen ...« (S. 39f.)

Die Antwort Rudolf Steiners auf seine Frage ist leider nicht durch Kafka selbst überliefert. Sein Freund Max Brod hat über 40 Jahre später, im Jahre 1952, ein Gedächtnisprotokoll von dem erstellt, was Kafka ihm von diesem Gespräch erzählt hat:

»Das Hauptanliegen Kafkas war: ›Ich bin von dichterischen Gedanken erfüllt. Und wie diese mich in der Erfüllung meiner täglichen Berufspflicht (in der Arbeiter-Versicherungsanstalt) behindern und andererseits von dieser Berufspflicht an ihrer Entfaltung gehindert werden, so beirrt mich das Ästhetische im Suchen des Religiösen.‹ Er wollte damit den auch in den Aphorismen ausgedrückten Gedanken formulieren, dass der Glaube das Primäre ist und dass die dichterische Gestaltung ihm minder wichtig erscheint, ja dass sie oft die Entfaltung des Glaubens stört, indem sie eitel macht oder eine vorzeitige Befriedigung schafft, daher die wahre Lösung, den Weg zu Gott, verhindert … Steiner nun missverstand Kafka, so als ob Kafka gemeint hätte, dass er bei religiösen Riten den Kult der Schönheit vermisse. Eine Einstellung, tief unter Kafkas Niveau. Vielleicht war Steiner durch den Schnupfen behindert (den Kafka so genau beschreibt), das Anliegen Kafkas genau zu fassen. Aber da Steiner nach Ansicht seiner Anhänger göttliche Kräfte und Einsicht besaß, hätte eigentlich ein solcher Lapsus nicht passieren dürfen … Kurz und gut, Steiner suchte Kafka zu beruhigen und erklärte ihm ausführlich, dass auch bei den Zusammenkünften und Riten der Anthroposophen die Belange der Schönheit gut gewahrt werden. Eine so flache Antwort musste Kafka enttäuschen. Und so ging er weg, ohne dass sein Suchen eine Antwort gefunden hätte. Er hat sich nach diesem Gespräch, über das er mir mit dem ihm eigenen schmerzlich-nervösen Lachen berichtete, das manchmal geradezu zerstörend hervorbrach, meines Wissens nie mehr ernsthaft mit Anthroposophie befasst.« (Brod zitiert nach: Wolfgang Vögele (Hrsg.): *Der andere Rudolf Steiner*, S. 192f.)

In dieser Erinnerung von Max Brod berichtet dieser etwas von der Frage Kafkas, was in dessen Tagebuchnotizen nicht enthalten ist: »... so beirrt mich das Ästhetische im Suchen des Religiösen«. Und was er schließlich von der Reaktion Rudolf Steiners berichtet, bezieht sich ausschließlich auf diesen Halbsatz. Es fehlt in diesen Erinnerungen auch völlig die innere Haltung Kafkas gegenüber Rudolf Steiner, die im Tagebucheintrag zum Ausdruck kommt: »Ich bin gekommen, Herr Doktor, Sie das zu fragen, denn ich ahne, dass, wenn Sie mich dessen für fähig halten, ich es auch wirklich auf mich nehmen kann.«

Durch das Problem, das in der fragmentarischen Überlieferung des Gespräches besteht, bleibt offen, wie Rudolf Steiner tatsächlich auf Kafkas Fragen geantwortet hat. Es kann nicht ausgeschlossen werden, dass Kafka seinem Freund Max Brod nur einen Teil der Antworten Rudolf Steiners mitgeteilt hat und dass sein »schmerzlich-nervöses Lachen« dabei noch ganz andere Gründe hatte als die von Brod berichtete Enttäuschung darüber, dass seine existenzielle Frage scheinbar nicht beantwortet wurde. Vielleicht war es ja auch die von ihm selbst bekannte Angst vor der Theosophie sowie die Befürchtung, in die Abhängigkeit einer großen Vaterfigur zu geraten, dafür verantwortlich, dass er sich entschied, sich nicht weiter mit Anthroposophie zu beschäftigen.

Hans Paul Fiechter hat sich ausführlich mit dem Gespräch Kafkas mit Rudolf Steiner beschäftigt. Es lohnt sich, seine Schilderung und Deutung zur Kenntnis zu nehmen. Von Rudolf Steiner sagt er: »Er zeigte ihm [Kafka] eine Möglichkeit, frei von einer persönlichen Bindung an den Lehrer in der anthroposophischen Bewegung, die damals gerade in eine intensive künstlerische Phase eingetreten war, den artikulierten seelischen Bedürfnissen zu folgen, und interessierte sich darüber hinaus für das existenzielle Anliegen seines Besuchers, für dessen Dichtung, indem er ihn bat, ihm eine Probe davon zu schicken. Kafka ist dieser Aufforderung am 31. März nachgekommen.« (*Das Rätsel Kafka.* Stuttgart 1999, S. 153) Dies klingt ganz anders als das, was Max Brod über das Gespräch geschrieben hat.

Der Studienberater

Karl Heyer
(1888–1964)

Viele Menschen haben durch Rudolf Steiner entscheidende Hinweise und Hilfen für ihre akademische Arbeit und für ihr gesamtes weiteres Arbeitsleben erhalten. Dafür sollen zwei Beispiele gegeben werden.

Karl Heyer hat im September 1963 seine Lebenserinnerungen aufgeschrieben, die seine Frau im Jahr 1967 als Manuskript herausgegeben hat (Archiv des Verfassers). Sein Vater war Jurist und preußischer Verwaltungsbeamter. Er selber studierte ebenfalls Jura und lernte Rudolf Steiner und die Anthroposophie im Januar 1911 in Frankfurt kennen. Er lebte sich in diese sehr schnell ein, sah im August 1911 die Mysterienspiele in München und konnte sich eine Tätigkeit in einem juristischen Beruf immer weniger vorstellen. So entschloss er sich, zusätzlich Geschichte zu studieren.

»Nachdem ich mich zu dieser schwerwiegenden Wendung in meinem Leben entschlossen hatte, konnte ich am 24. April 1912 Dr. Steiner um seinen Rat bitten. Es bestätigte sich, dass ich nochmal studieren müsste; er sagte mir aber nicht etwa: *Studieren Sie Geschichte,* sondern er nannte mir solche zu bearbeitenden Themen oder Gegenstände, über die zwar schon viel erschienen sei, ›aber nicht so, wie man es wünschen möchte, nicht fruchtbar‹. Als solche Themen nannte er zum Beispiel ›Umwandlung der Staats-und Rechtsverhältnisse vom 15. Jahrhundert ab, im 16. und 17. Jahrhundert in Deutschland und in Italien … Einfluss Machiavellis auf die Kulturentwicklung, Machiavellismus … Ich wollte der anthroposophischen und persönlichen Zusammenhänge wegen dieses zweite Studium gern in München absolvieren, das damals auf mich wie auf viele andere einen großen Zauber ausübte, fragte aber Dr. Steiner, ob er mir vielleicht mehr zu einer anderen Universität rate. Er bejahte darauf München für mich und sagte, für mein Studium als solches sei es ziemlich gleichgültig, an welcher Universität, d.h. bei welchem der damaligen Geschichtsprofessoren ich studiere. ›Ja, meinte er, wenn Ranke noch lebte, dann würden Sie zu ihm nach Berlin gehen.‹

Dr. Steiner hatte die Güte, mit mir das Vorlesungsverzeichnis der Universität München vom Sommersemester 1912 durchzugehen und diejenigen Kollegs zu bezeichnen, die zu hören er mir riet … Ich war, wie auch manche andere Akademiker von sich berichtet haben, erstaunt, wie ihm Professoren bekannt waren, von denen ich dies nicht gedacht hätte. – Bei einer der späteren Unterredungen empfahl er mir einmal, gewisse Vorlesungen eines Professors zu hören, damit ich wüsste, was er weiß.« (S. 34 f.)

»Meinem ganzen historischen Streben die Richtung gaben Hinweise Rudolf Steiners, die er mir beginnend schon im April 1912, besonders im Herbst desselben Jahres gab, als er mich wieder über mein Studium beriet, was auch in späteren Jahren wie während des Krieges noch mehrfach geschah, wobei ich höchst bedeutsame Hinweise empfangen durfte. Im Herbst 1912 nannte er mir zu meiner gänzlichen Überraschung als Dissertation ›Die Wandlungen des Fürstenbegriffs‹, für welche Entwicklung er als Etappen bezeichnete:

Machiavelli (deshalb besonders befasste ich mich viel mit der Renaissance), Ludwig XIV., Friedrich der Große, Josef II. Diese Zielsetzung wurde für mich tief einschneidend, viele Jahre habe ich an diesem Thema gearbeitet, und im Grunde geht der größte Teil meiner späteren *Beiträge zur Geschichte des Abendlandes* auf das Verfolgen dieser Richtlinie zurück.«

Karl Heyer hat diese Anregungen Rudolf Steiners sein ganzes Leben lang für seine wissenschaftliche Arbeit und seine zahlreichen Veröffentlichungen fruchtbar zu machen gesucht. Ja, man kann sagen, sie bestimmten sein gesamtes weiteres Leben. Beachtenswert ist, dass Rudolf Steiner mit den gestellten Themen nicht nur eine große Linie vorzeichnete, nach der Karl Heyer seine Lebensarbeit entfaltete, sondern dass er bis in die Kleinigkeiten des Studienganges Ratschläge gab.

W. J. Stein (1891–1957)

Noch detaillierter waren die Hinweise und Hilfen, die Rudolf Steiner *Walter Johannes Stein* für sein Studium und seine Dissertation in Philosophie zuteilwerden ließ. Das ist ausführlich dokumentiert in: W.J. Stein / Rudolf Steiner: *Dokumentation eines wegweisenden Zusammenwirkens.* (Im Folgenden beziehen sich die Seitenangaben auf diese Schrift.)

Im Jahr 1912 lernte Stein die Anthroposophie kennen, indem er auf dem Schreibtisch seiner Mutter die *Geheimwissenschaft* vorfand. Er stürzt sich mit Feuereifer in das Studium der Grundschriften Rudolf Steiners. Im Januar 1913 hört er in Wien zum ersten Mal einen Vortrag Rudolf

Steiners. Er fühlte sich sofort »nachhause gekommen«. Bei der anschließenden Fragenbeantwortung füllte auch er einen Zettel mit einer Frage aus. »Was war früher, menschliche Sprache oder Vernunft?« Von der Antwort war er zunächst enttäuscht, da sie nicht seiner Fragerichtung entsprach.

»Dr. Steiner nahm den Zettel noch einmal auf. Er hielt ihn in der Hand. Er sagte: ›Diese Frage hat noch einen anderen Aspekt. Ich möchte dem Fragesteller auch noch vom Gesichtspunkt der Weltentwicklung antworten. Auch von diesem Gesichtspunkt geht Sprach- und Vernunftbildung parallel. Wie das Kind Denken, Sprechen und Gehen lernt, bevor es zum vollen Selbstbewusstsein erwacht, so auch die Menschheit, die wandernd sprechen lernte und aufgrund dessen Vernunft erlangte, ehe sie zur vollen Individualisierung kam.‹

Ich hatte viel mehr empfangen als die Antwort auf meine Frage. Ich wusste, dass Rudolf Steiner in Herzen lesen kann und dass er all das war, als was ihn seine Bücher erscheinen lassen.

Ich ging vorwärts wie in einem Traum und sagte zu ihm: ›Ich weiß nun, wer Sie sind, und möchte gern ihr Schüler werden.‹

Er sah mich an und sagte: ›Sie müssen John Locke und Berkeley lesen. Sie können doch Englisch. Sie werden das nötig haben, wenigstens die Termini technici auf Englisch nachzuschlagen. Diese beiden Philosophen gehen in einseitiger Weise vor. Locke bleibt bei dem sinnlich Gegebenen, Berkeley leugnet die Materie. Sie müssen das Gleichgewicht zwischen beiden finden. Ich werde Ihnen noch weiteres angeben.« (S. 38 f.)

Dem cholerischen Willensmenschen Stein antwortete Rudolf Steiner ohne eine Nachfrage direkt und ohne Schnörkel und setzte ihm sogleich ein Ziel (*similia similibus*).

Später wies Rudolf Steiner Walter Johannes Stein auf Aristoteles und Fichte hin: »Wenn Sie daher Aristoteles durch Fichte weiterbilden, kommen Sie zur Anthroposophie. Sie beruht auf dem schaffenden, ichbewussten Denken.« (S. 42)

Im Frühjahr 1914 schließlich bat Stein Rudolf Steiner nach einem Vortrag in Wien um ein Thema für seine philosophische Dissertation. »Er sagte: Schaffen Sie eine Erkenntnistheorie der spirituellen Erkenntnis. Gehen Sie dazu aus von einem Studium Lockes und Berkeleys.« (S. 44)

Im Ersten Weltkrieg, den Stein zeitweise an der Front miterlebte, beschäftigte er sich weiter mit seinem Thema, schrieb Briefe an Rudolf Steiner und erhielt weitere Anregungen. Im Juli 1917 konnte er Steiner erneut persönlich sprechen. Dieser riet ihm, zuerst seinen Doktor zu machen und dann Lehrer zu werden. Auf die Frage, welches das geistige Ziel seiner Dissertationsarbeit sein sollte, erhielt Stein die Antwort: »Ihre Dissertation soll die Geltung des Übersinnlichen sichern. Das ist das geistige Ziel, dass Sie sich setzen können damit.« In diesem ausführlichen Gespräch gab Rudolf Steiner viele weitere Anregungen und Hilfen und sagte schließlich: »Berücksichtigen Sie bei allem, was Sie in Ihrer Dissertation schreiben werden, ganz genau die okkulten Realitäten, aber machen Sie die Darstellung so, dass Sie, indem Sie die okkulten Details vermeiden, doch die ganze okkulte Realität darstellen. Das können Sie, wenn Sie den okkulten Tatbestand restlos in Begriffe verwandeln. Es wird Ihnen dann gelingen, auf dem Felde der Erkenntnistheorie zu bleiben.«

Im Januar 1918 war Walter Johannes Stein so weit, dass er Rudolf Steiner die Reinschrift seiner Dissertation senden konnte. Dieser las sie nicht nur, sondern machte Korrekturen, Notizen und Ergänzungen und empfing Stein schließlich im Frühjahr 1918 zu einem ausführlichen Gespräch. Stein berichtet davon: »Zwei Tage lang arbeitete er Satz für Satz mit mir durch und entfernte alles, was zu anthroposophisch war und hätte Anstoß erregen können. Mir aber ging eine ganze Welt in diesem viele Stunden währenden Gespräch auf.« (S. 87 f.)

Nach seiner Promotion wurde Walter Johannes Stein von Rudolf Steiner als Lehrer an die zu gründende Waldorfschule in Stuttgart berufen. Er wurde zu einem wesentlichen Träger der anthroposophischen Aktivitäten der folgenden Jahre und wirkte mehrere Jahre im Vorstand der Deutschen Landesgesellschaft der Allgemeinen Anthroposophischen Gesellschaft mit.

An diesem Beispiel kann man sehen, wie Rudolf Steiner nicht nur einem einzelnen Menschen half, seinen Lebensweg zu finden, sondern sich damit zu gleicher Zeit einen tüchtigen Mitarbeiter für seine eigenen großen Aufgaben heranzog. Von 1933 an war Stein in England als Wirtschaftskorrespondent, Redakteur und als Heilpraktiker tätig. Er hielt regelmäßige Vorträge im Londoner Rudolf Steiner Haus – dem weltweit ersten Veranstaltungsort dieses Namens – und sprach dort über geistes- und kulturgeschichtliche, historische, soziale, wirtschaftliche, pädagogische und therapeutische Themen.

Der Wegweisende

Rudolf Hauschka, 1961
(1891–1969)

Dr. Rudolf Hauschka, der Gründer der Wala Heilmittelbetriebe in Bad Boll, war Chemiker. Seine Autobiografie erschien 1966 unter dem Titel *Wetterleuchten einer Zeitenwende* im namhaften Verlag Vittorio Klostermann. 1923 wurde ihm durch Frau Ebersold-Förster, der Lehrerin seiner Tochter, die Anthroposophie vermittelt. Im Sommer 1924 gelang es ihm, an der anthroposophischen Sommertagung im niederländischen Arnheim teilzunehmen. Dabei hatte er mehrere kurze Gespräche mit Rudolf Steiner. Nur eines schildert er in seiner Autobiografie:

»Im persönlichen Gespräch fragte ich ihn die Frage, mit der ich schon im Gymnasium und später auf der Hochschule meine Lehrer elendete und niemals eine befriedigende Antwort bekam: ›Was ist Leben?‹ Rudolf Steiner gab mir zur Antwort: ›Studieren sie die Rhythmen. Rhythmus trägt Leben.‹«

Dies war nicht nur eine Antwort auf eine beliebige wissenschaftliche Frage – sie wurde für Rudolf Hauschkas Leben bestimmend: Durch sie angeregt, entwickelte er ein Verfahren, mithilfe dessen es ihm gelang, Pflanzenauszüge ohne Alkohol haltbar zu machen. Diese rhythmischen Verfahren werden bis heute in der Heilmittelherstellung der Firma Wala angewendet, da sie sich durch viele Jahrzehnte bewährt haben. Damit haben wir ein weiteres Beispiel dafür, wie Rudolf Steiner durch seine Worte einem Menschen nicht nur richtungweisende Hilfe für sein Leben geben konnte, sondern bis in äußere Anwendungen hinein kulturstiftend tätig wurde.

Margareta Morgenstern (1879–1968)

Margareta Gosebruch, durch die Christian Morgenstern die Anthroposophie und Rudolf Steiner kennenlernte, war vor dem Ersten Weltkrieg Mitglied der esoterischen Schule Rudolf Steiners und hatte mit diesem viele Gespräche, nicht nur über den esoterischen Weg und seine Übungen, sondern auch über Fragen ihres privaten Lebens. Noch vor der Eheschließung mit Christian Morgenstern befragte sie Rudolf Steiner am 8. Juli 1909 in Kassel wegen kritischer Äußerungen eines älteren Mitglieds der Theosophischen Gesellschaft über ihr Zusammensein mit dem Dichter. Darauf antwortete ihr Rudolf Steiner: »Frei werden, sich über das Urteil der Anderen stellen. Innerlich gefestigt sein, sich durch nichts in dem für gut und richtig Erkannten beirren lassen. Konzessionen machen: *das* ist verwerflich. Unkeusch ist das Misstrauen der Anderen. Sie werden schon einmal nachkommen, wenn sie auch jetzt nicht mitgehen. Dem Wunsch des Herzens folgen, nicht dem Urteil der anderen.« (Zitiert nach Notizen Margareta Morgensterns über ihre Gespräche mit Rudolf Steiner auf sechs Seiten; unveröffentlicht, Archiv der Christengemeinschaft. Hervorhebungen von Margareta Morgenstern.)

Schon wenige Wochen später, am 27. September 1909 in der Bottminger Mühle bei Basel, rät ihr Rudolf Steiner: »Nicht länger warten mit der Verbindung. Er *braucht* Sie ... Denken Sie daran, dass er Künstler ist; es ist auch für sein Schaffen nötig ... Sie sind in einer sehr schwierigen Lage. Gleichwohl berücksichtigen Sie das, was ich Ihnen eben sagte (was hier unausgesprochen bleibt M. M. Viele Einzelheiten über unsere bevorstehende Ehe...) Alles in die Aura des Geistigen einhüllen. Bringen Sie ihm nun – *Sonne.*«

Aus diesen wenigen Notizen geht schon hervor, wie unkonventionell für die damalige Zeit Rudolf Steiner Margareta Gosebruch beraten hat. Man kann sich heute, 100 Jahre später, kaum noch vorstellen, wie skandalös es damals für eine unverheiratete Frau war, mit einem Mann gemeinsam in einem Hotel zu logieren. Rudolf Steiner hat ihr nicht nur deutlich zur Ehe geraten, sondern ihr offensichtlich bis in Einzelheiten hinein Ratschläge dafür gegeben: »Alles in die Aura des Geistigen einhüllen.«

Am 7. März 1910 heirateten Christian Morgenstern und Margareta Gosebruch in Meran-Obermais. Morgenstern war zu diesem Zeitpunkt schon schwer tuberkulosekrank. Deswegen machte Rudolf Steiner Frau Morgenstern in späteren Gesprächen auch Vorschläge, die seine Gesundheit betrafen, über ein geeignetes Klima für ihn, Kurvorschläge et cetera.

So riet er dem Ehepaar im Winter 1912/13 zu einem Kuraufenthalt in Portorose an der Adria, zusammen mit Michael Bauer, den Margareta im September 1912 kennengelernt hatte. Dieser gemeinsame Kuraufenthalt konnte im späten Frühjahr des Jahres 1913 für zwei Monate verwirklicht werden. Rudolf

Steiner gab den dreien für diese Zeit eine gemeinsame Meditation, und so entstand unter ihnen eine tiefe Freundschaft. (siehe Christoph Rau, *Michael Bauer, sein Leben und seine Begegnung mit Friedrich Rittelmeyer,* Dornach 1995, Seite 57). In den folgenden Monaten bis zu Christian Morgensterns Tod am 31. März 1914 erlebten die drei Freunde noch ganz Wesentliches an Vorträgen und Vortragszyklen ihres verehrten Lehrers.

Nach Christian Morgensterns Tod sprach Rudolf Steiner zu ihr in mehreren Gesprächen über die weiteren Schicksale des Dichters im Leben nach dem Tod, über seine geistige Entwicklung und über frühere Inkarnationen. Das geht aus den oben genannten Notizen hervor. Sie selber lebte intensiv mit ihrem verstorbenen Mann zusammen, hatte Träume von ihm und las ihm aus Vorträgen Rudolf Steiners vor, besonders über das Fünfte Evangelium. Für diese Begleitung ihres Mannes erhielt sie von Rudolf Steiner immer wieder hilfreiche Hinweise.

Anfang Mai 1914 reiste Michael Bauer zu Vorträgen nach Oslo, wo er schwer erkrankte: »Es traten Lungenblutungen auf, die ihn zur völligen Ruhe zwangen.« (Rau, S. 65) Margareta Morgenstern reiste auf Zuraten Rudolf Steiners nach Oslo, um Bauer dort gemeinsam mit Helga Geelmuyden, einer norwegischen Anthroposophin, zu pflegen.

Als Michael Bauer im Juni 1914 nach Nürnberg zurückkehrte, kam es zu einem schweren Zerwürfnis mit seiner Frau, in dessen Folge er mit nur zwei Koffern für das Nötigste Heim und Familie für immer verließ. In einem kurzen Brief verständigte er Rudolf Steiner von diesem Schritt, von seinen Beweggründen und darüber, wie er ihn beurteilte. (Rau, S. 65 f.)

In den erwähnten Notizen Margareta Morgensterns heißt es weiter: »Bauers Schicksal beschäftigt ihn [Rudolf Steiner] sehr. Es kommt darauf an, ob Bauer stark genug ist, das alles zu tragen: die Trennung von seinem Sohn (Bruno). Die Frau wird ihn im Hass gegen den Vater erziehen. Das alles müsste er mit in Kauf nehmen. Die Frau wird Feuer und Schwert gegen Michael Bauer ... Bereits früher geschrieben, dass Steiner dringend zur offiziellen Scheidung riet ... Meine Fragen wegen meines Zusammenseins mit Michael Bauer ... Später empfahl er Michael Bauer und mir, nach Dornach zu kommen, dort seien wir dem Gerede der Leute auch weniger als andernorts ausgesetzt. Weder von Steiner noch von Christian Morgensterns Seite sei etwas dagegen einzuwenden. ›Christian Morgenstern lebt in einer objektiven Welt.‹«

Am 23. Dezember 1914 zogen Michael Bauer und Margareta Morgenstern für knapp zwei Jahre in eine gemeinsame Wohnung nach Arlesheim bei Basel. Im November 1916 verließ Michael Bauer Arlesheim, zog interimistisch nach München und bezog dann im Laufe des Jahres 1917 mit Margareta Morgenstern das von ihr in Breitbrunn am Ammersee gebaute Haus, in dem er, von ihr versorgt und gepflegt, bis zu seinem Tod im Jahre 1929 lebte.

Für unseren Zusammenhang sind die genauen Umstände der Biografie Margareta Morgensterns nicht das Wesentliche. Bedeutender ist die Art und Weise, wie sie in entscheidenden Fragen ihres Lebens von Rudolf Steiner beraten wurde und diese Ratschläge befolgte: Er ermutigte sie zur Heirat mit Christian Morgenstern – gegen die Meinung und Haltung ihrer und seiner Familie, die wegen der Krankheit Christian Morgensterns verständliche Bedenken und Einwände hatte.

Er riet dem Ehepaar und Michael Bauer zu einem gemeinsamen Kuraufenthalt in Portorose, währenddessen die Freundschaft zwischen Frau Morgenstern und Michael Bauer ihren Anfang nahm; er riet Frau Morgenstern wenige Wochen nach dem Tode ihres Mannes, nach Oslo zu reisen und dort Michael Bauer zu pflegen; er riet zur baldigen Scheidung Michael Bauers von seiner Frau und ermutigte bald darauf Margareta Morgenstern und Michael Bauer – weniger als ein dreiviertel Jahr nach dem Tod Morgensterns – gemeinsam nach Arlesheim bei Dornach zu ziehen, ohne verheiratet zu sein.

Man muss sich die damalige bürgerliche Moral und die gesetzliche Lage vor Augen führen, um zu ermessen, wie ungewöhnlich, ja geradezu revolutionär solch ein Verhalten damals war. Rudolf Steiner war sich dessen sehr bewusst, was daraus hervorgeht, dass er Margareta Morgenstern zum Aufenthalt in Dornach riet, weil sie dort »dem Gerede der Leute … weniger als andernorts ausgesetzt« sei. Er durchschaute die tiefe Schicksalsverbindung dieser Menschen, die sich unter anderem darin ausdrückt, dass Margareta Morgenstern nach ihrem Mann mit Michael Bauer den zweiten Menschen mit Tuberkulose bis in den Tod und darüber hinaus begleitete.

Ein Alkoholverkäufer

Alexander Strakosch hat in seinen Erinnerungen *Lebenswege mit Rudolf Steiner* (Dornach 1994) überliefert, wie Rudolf Steiner einem tschechischen Anthroposophen in einer Gewissensnot geholfen hat.

»[Dieser Schlosser] hatte sich in verhältnismäßig kurzer Zeit solche Kenntnisse der deutschen Sprache angeeignet, dass er nicht nur Werke in dieser Sprache lesen, sondern sich auch gut darüber aussprechen konnte. So hatte er an der Erweiterung seiner Bildung gearbeitet. Er wollte aber auch im beruflichen Leben seine Stellung verbessern. Er erwarb sich Kenntnisse auf kaufmännischem Gebiet und begann, als Vertreter zu reisen. Es ergab sich, dass er für eine Likörfabrik zu arbeiten hatte. Inzwischen hatte er aber beobachtet, welche schlimmen Folgen der Alkoholgenuss im sozialen Leben hatte, und auch gelesen, was Rudolf Steiner über dessen Wirkung gesagt, nämlich, dass er auf das Blut so wirke, dass das Ich des Menschen in seinem Wirken gehemmt wird. Da sagte er sich: Ich lebe davon, dass ich die Menschen veranlasse, den Alkohol zu trinken, der ihnen schädlich ist in mehrfacher Beziehung; und er litt immer mehr unter dem Zwiespalt zwischen seinen Einsichten, die sein Gewissen belasteten, und der Notwendigkeit, für sich und seine Familie die Mittel zu beschaffen. Wie die Dinge lagen, war es sehr schwer, eine andere Existenzmöglichkeit zu finden. Er bat Rudolf Steiner um Rat und erhielt den Bescheid: ›Verkaufen Sie ruhig weiter den Alkohol. Es ist besser, dass Sie es mit schlechtem Gewissen tun, als wenn es ein anderer mit Überzeugung täte, und verkauft wird der Alkohol doch.‹« (S. 167)

Strakosch fährt fort: »Dies war nicht der einzige Fall, in welchem sich jemand an Rudolf Steiner gewendet hatte in einer Lebenslage, die wegen innerer Konflikte schwer zu ertragen war. Doch immer wieder kam es dann so, dass das Leben bald eine andere Möglichkeit brachte, und zwar eine recht befriedigende. Der Freund, von dem hier die Rede ist, erhielt bald danach die Stelle eines Reklamechefs in einer Fabrik, welche ein sehr gutes Brot herstellte; dafür konnte er sich mit gutem Gewissen einsetzen und hatte zudem seine Stellung bedeutend verbessert.«

Die Berufswahl

Herbert Hahn, 1920
(1890–1970)

Immer wieder fragten junge Menschen Rudolf Steiner um Rat in Bezug auf ihre Wahl eines Berufes. So auch *Herbert Hahn*, ein 1890 in Estland geborener und dort aufgewachsener Deutscher, der im Februar 1916 Vorträge Rudolf Steiners in Kassel gehört hat. Er hatte Sprachwissenschaften studiert und wusste nicht so recht, welchen Berufsweg er nach dem Kriege einschlagen sollte. In seinem Buch *Rudolf Steiner, wie ich ihn sah und erlebte* schreibt er: »Welchen beruflichen Weg sollte ich einschlagen? Eine einjährige pädagogische Tätigkeit kurz vor dem Kriege hatte mich wenig befriedigt ... Auf sprachlichem Gebiet, das empfand ich, sollte ich mich schon irgendwie betätigen. Aber das Lehrertum, wie es aus meinen Jugenderfahrungen und auch aus der kurzen Lehrpraxis vor mir stand, zog mich wenig an. So kam ich zu der Überlegung, ob ich nicht meine Sprachkenntnisse in einer mehr neutralen, praktischen Art als Dolmetscher verwerten solle, um im Übrigen viel Zeit frei zu behalten für wissenschaftliche und literarische Arbeiten.

Ich fragte Rudolf Steiner, ob er mir zu dem Letzteren wohl raten könne. Er sann einen Augenblick nach, wobei ein Lächeln um seine Lippen spielte. Dann sagte er, es sei doch unwahrscheinlich, dass mich eine solche mehr praktische Sprachvermittlung oder Dolmetschertätigkeit auf die Dauer befriedigen werde. Sie entspreche nicht genug meinen Anlagen. Und dann fügte er hinzu: ›Aber es könnte nach dem Kriege eine ganz andere Aufgabe vor Ihnen stehen. Nach dem Kriege, da wird doch jene bedauerliche Erscheinung aufhören müssen, dass man die Sprachen anderer Völker *perhorresziert*. Im Gegenteil: da wird es von großer Bedeutung sein, dass viele, namentlich auch jüngere Menschen, einige fremde Sprachen recht intensiv, recht intim kennen lernen, dass sie sich vertiefen in *sprachliche Valeurs*.‹ Ich fragte ihn, was mit dem Ausdruck ›sprachliche Valeurs‹ gemeint sei. Er erklärte mir nun, dass damit die charakteristischen Werte gemeint seien, welche vielen Wörtern in den verschiedenen Sprachen eigen seien; man könne auch von einer zunächst nicht übertragbaren Anschauung sprechen, die bildhaft hinter dem einzelnen Wort stehe. Gerade in diesem nicht übertragbaren einzigartigen imaginativen Element, da lebe am stärksten die Seele der verschiedenen Sprachen. ›Vertieft man sich aber in die Seele einer fremden Sprache, so kommt man an das Wesen der Menschen heran, die diese Sprache sprechen.‹ Und nun erläuterte er mir, wie unzureichend es sei, nur so darauf los zu übersetzen, nur so in den Übertragungen nach Art der Wörterbücher zu leben … [Er gab eine Reihe von Beispielen und Herbert Hahn fährt fort:] Wenn er hier ein ganz neues Kapitel der imaginativen Wertung aufschlug, so hatte er, wie bei allem, was er tat, gute geistige Gründe. Das war es, was mich so sehr aufhorchen ließ. Ich ahnte, dass da eine Quelle freigelegt war, aus der noch unermesslich Wichtiges strömen könne. Und noch freudiger überrascht war ich, als Rudolf Steiner mich zum Schluss ganz persönlich ansprach und sagte: ›Das kann nach diesem Krieg Ihre unmittelbare Aufgabe werden: jungen Menschen solche sprachliche Valeurs zu erschließen.‹

Eine Last, die mich stark gedrückt und beengt hatte, war mir genommen worden. Eine künftige Arbeit kündigte sich an wie ein unerwartet herauskommendes Stückchen blauer Himmel.«

Herbert Hahn ging 1919 nach Stuttgart und war von Beginn an an den Gesprächen beteiligt, die Rudolf Steiner und Emil Molt, der Leiter der Waldorf-Astoria Zigaretten-Fabrik, miteinander führten und die zur Gründung der ersten Waldorfschule führten. Später wurde er einer der ersten Lehrer dieser Schule und widmete sein ganzes Leben dieser auf Geisteswissenschaft beruhenden pädagogischen Praxis. Er beherrschte viele europäische Sprachen und entwickelte in seinem monumentalen Werk *Vom Genius Europas* aus diesen Sprachen eine Psychologie der Völker.

An diesem Beispiel sieht man, wie Rudolf Steiner durch seinen Rat nicht nur die ganze Biografie eines Menschen entscheidend prägen, sondern auch vorausschauend auf die sozialen Notwendigkeiten einer künftigen Bildungs- und Friedenskultur wirken konnte, lange bevor sich die Möglichkeit einer freien Schule aufgrund seiner Menschenkenntnis bot und lange bevor die Notwendigkeit gesehen und empfunden wurde, über eine tiefere Sprachbetrachtung zur Verständigung der Völker Europas beizutragen. Die Hilfe für einen individuellen Menschen für seine Berufsfindung erscheint dabei fast wie eine positive Nebenwirkung.

Als alles zu viel wurde

Die Seelsorgetätigkeit Rudolf Steiners hatte dann noch einmal einen Höhepunkt kurz vor seiner Erkrankung Ende September 1924. Schon auf dem Krankenbett, am 2.10.1924, schrieb er darüber an Marie Steiner:

»... Das ist es ja, dass diese Theologen auf der einen Seite wirklich so tief befriedigen durch ihr so ernstes Arbeiten; auf der anderen Seite ist das Wirken für sie so anstrengend, weil sie vieles bedürfen und so schwer an ihre Ideale herankommen. Es war wirklich so, dass mit Beendigung des Apokalypse-Kursus ein Maximum von meinen Kräften nach einer gewissen Richtung erschöpft war – ich hatte wirklich zu der spirituellen Höhe viel Kraft nötig – und ich hätte nun nicht noch den ganzen Sturm von Einzelbesuchen dieser bedürftigen Theologen haben sollen. Vorträge über Sprachgestaltung, die ich noch gehalten habe, machen es nicht aus. Die Vorträge kann ich, wenn sie noch so viele sind, nach den Kräften berechnen.« (GA 262, S. 406f.)

Auf der anderen Seite berichtet Emil Bock in seinen Erinnerungen (unveröffentlicht, Archiv der Christengemeinschaft), dass Rudolf Steiner selber die Priester aufgefordert hatte, mit ihren Fragen und Nöten zu ihm zu kommen.

»... er forderte: alle diejenigen von uns, die gesundheitlich nicht auf der Höhe seien, sollten zu ihm kommen; er wolle ihnen zusammen mit Dr. Ita Wegman ärztlich helfen. Tatsächlich haben ihn in den Tagen nach Beendigung des Apokalypse-Kursus etwa zwölf bis fünfzehn von uns konsultieren dürfen.« Einige von denen haben von diesen Gesprächen schriftlichen Bericht gegeben.

Jutta Frentzel (1901–1999)

Nach dem Apokalypsekurs war *Jutta Frentzel*, eine der drei ersten Priesterinnen der Christengemeinschaft, unter denen, die Rudolf Steiner noch konsultieren durften. Sie sprach aus, dass sie sich der Arbeit nicht gewachsen fühle. Rudolf Steiner antwortete ungefähr: »Sie gehören aber doch zu denen, die schon eingewandet [sic!] sind? Dann haben Sie ja das Brevier. Darin liegen die Hilfen, die Sie brauchen«. (Notiz von Kurt von Wistinghausen vom März 1985, unveröffentlicht, Archiv der Christengemeinschaft, I.1.40) Rudolf Gädeke besuchte sie im Frühjahr 1985, und da sagte sie zu ihm: »Ich habe Rudolf Steiner gesagt: ›Ich bin zu schwach für die Arbeit.‹ Doktor Steiner habe darauf geantwortet: ›Sie haben doch das Brevier.‹ Sie aber habe am Brevier nichts erlebt – und von Weidelener [Hermann Weidelener, zum Priester geweiht 1926, ausgeschieden 1933] erst meditieren gelernt.«

Und Marta Heimeran berichtet: »Schließlich kam das Gespräch zu Stande. Es war einsam in der Schreinerei. Der Pförtner kannte mich. Nur hie und da saß auf einem Balken oder einer Drehbank ein Mensch, der auch wartete und hoffte. Es mochten die frühen Nachmittagsstunden gewesen sein. Vielleicht daher so leer. Die Spätzubettgeher schliefen! Ich wartete, Gott sei Dank, denn ich hatte erst zu verschnaufen von dem Berg, mich noch mal zu sammeln und zu versuchen, mein unerhörtes Herzklopfen zu besiegen. Letzteres gelang nur schlecht. Ich wollte mich auch diesmal nicht überrumpeln lassen, selbst dann nicht, wenn Frau Wegman wieder die ganze Zeit dabei sein sollte. Übrigens nebenbei auch: um dieser Übung willen, mich diesem ungeheuren Eindruck nochmal auszusetzen, war mir dieses Gespräch wichtig.

Und was wollte ich inhaltlich? Wegen der Verbindung mit Alfred Heidenreich fragen, dass ich mir manchmal wie Judas vorkäme dem Kultus gegenüber, von den Schwierigkeiten des rechten Meditierens und so weiter. [...] Und zum Schluss ermahnte er mich, doch mit großem Ernst an alles heranzugehen. »Sehr ernst müssen sie alles aufnehmen, dann wird alles gut«, so etwa klang es an mein Ohr und ich fühlte, dass diese Worte, so nahe der Michaelzeit – es mochte der 22.9. gewesen sein – in dieser Situation von ihm zu mir gesprochen ungeheuer bedeutsam gemeint waren. Auf das Spielende in der Frau in mir traf es gerade wie ein Keulenschlag. Ich war sehr, sehr dankbar darum in meiner Seele und fühlte das zentral Richtige dieser Bemerkung, auch wenn sich manches gegen diese Wahrheit sträubte.

Ich war so froh, dass es zu diesem Gespräch noch gekommen war. Dr. Steiner sah so müde, so furchtbar belastet aus. Lange hielt er mir noch die Hand. [...] Jetzt ging ich zutiefst befriedigt den Hügel hinunter, große Aufgaben sah ich vor mir, schwere Aufgaben, eine große Ruhe war in mir, aber auch eine ganz große Trauer. War das der Abschied von dem so herzlich und hochverehrten Lehrer, war es das Viele, das ungesagt geblieben war auch in diesem Gespräch, oder war es die Warnung, die ich empfangen hatte mit dem Ernstsein?

Verpflichtend im Tiefsten war dieses Gespräch, es war richtig, dass es stattgefunden hatte trotz der Anstrengung, die es den geliebten Lehrer gekostet haben mag.« (Erinnerungen von Marta Heimeran, 1942, S. 97 ff., unveröffentlicht, Archiv der Christengemeinschaft, I.1.23)

Kurt von Wistinghausen (1901–1986)

Bis an sein Lebensende, noch in den Tagen, als er selbst schon schwer erkrankt war, beriet Rudolf Steiner Menschen in Gesundheitsfragen. Das tat er in den letzten Jahren immer in Zusammenarbeit mit Frau Dr. Ita Wegman. So sei ein Beispiel hier angeführt, das *Kurt von Wistinghausen* in seinen Erinnerungen aus dem Jahr 1951 (unveröffentlicht, Archiv der Christengemeinschaft, I.1.40) berichtet hat.

»Das Jahr 1924 brachte noch die letzte Begegnung beim Apokalypsekursus in Dornach im September. Was Dr. Steiner in jenen Wochen zu bewältigen hatte, übersteigt alles Begriffsvermögen. Es ist oft geschildert worden. Fast als beschämend empfindet man, seine Zeit auch noch persönlich in Anspruch genommen zu haben, aber nachdem während des Kurses von unserer Seite aus geäußert worden war, dass gesundheitliche Hemmungen für unsere Arbeit eingetreten seien, ließ er es sich nicht nehmen, die Patienten unter uns an einem der letzten Nachmittage nacheinander in Anwesenheit von Frau Dr. Wegman zu empfangen und gesundheitlich zu beraten. Als ich in den Atelierraum eintrat, erschrak ich und machte mir sofort die größten Vorwürfe, dass ich mich gemeldet hatte. Dr. Steiner saß mit einer Decke auf den Knien auf dem Lehnstuhl und sah so leidend aus, dass demgegenüber eigene Kleinigkeiten doch überhaupt nicht infrage kamen. Aber schon hatte er das Blatt zur Hand genommen, auf dem man seine Symptome vorher eingereicht hatte, und besprach es mit Frau Dr. Wegman. Er ließ sich die eine Hand und das eine Bein ausstrecken und beobachtete genau, wandte sich zu Dr. Wegman und sagte: ›Er zittert an Händen und Füßen.‹ Auf dem Blatt hatte ich frühere Krankheiten erwähnt. Dr. Steiner fragte sehr eingehend nach dem Zeitpunkt und meinem damaligen Alter und fragte weiter, ob ich damals bestimmte innere Erlebnisse gehabt hätte, fast als wüsste er schon Bescheid. Ich versuchte dann, sehr unzulänglich, zu schildern, was ich am Höhepunkte einer durchgebrochenen Blinddarm- und Bauchfellentzündung mit 15 Jahren erlebt hatte [dies ist genauer geschildert in: Kurt von Wistinghausen, *Estland – ferne Welt,* Stuttgart, 1969, S. 137], worauf sich Dr. Steiner mir ganz ausdrücklich zuwandte und mich mit einem Blick von oben bis unten betrachtete, der einfach erschütternd war. Ich hatte den Eindruck, nichts könne vor diesem Blick verborgen bleiben, und in diesem Augenblick habe er dieses für meine Biografie entscheidende Ereignis voll und endgültig in sein großes Bewusstsein aufgenommen. Dann wurde noch von Einzelheiten einer gesundheitlichen Behandlung gesprochen, bei der er zu medizinischen Bädern riet.« (unveröffentlicht, Archiv der Christengemeinschaft, S. 4)

Auch *Thomas Kändler* befand sich unter denen, die nach dem Ende des Apokalypsekurses noch ein Gespräch mit Rudolf Steiner führten. Davon berichtet er in seinen Erinnerungen von 1951 (unveröffentlicht, Archiv der Christengemeinschaft, I.1.39):

»Das letzte Gespräch mit Rudolf Steiner: er saß tief in einem Polsterstuhl vergraben, in Decken gehüllt, vermochte kaum die Hand zum Gruß zu heben, sprach mit geschlossenen Augen. Frau Dr. Wegman saß bei ihm und war bereit, Notizen zu machen.

Ich hatte einen Bescheid für die Hamburger Waldorf-Schule mitzunehmen. Dies war auch der Anlass meines Vorsprechens. Man konnte nur ganz tief erschrocken sein beim Anblick des Zustandes Rudolf Steiners und war bemüht, das Gespräch auf ein Minimum zu beschränken. Dann kam Rudolf Steiner doch auf Persönliches. Er schien sich sogar daran zu beleben. Er gab mir zunächst einen gesundheitlichen Ratschlag, den Frau Dr. Wegman notierte.

Dann riet er noch Anderes, das sich, wie mir schien, auf später von mir zu erledigende Dinge beruflicher Art bezog. Ich bedauerte später, nicht richtig zugehört zu haben; aber die Situation verpflichtete förmlich, sich unverzüglich wieder zu entfernen und die letzten Kräfte – so schien es – dieses Menschen nicht mehr persönlich in Anspruch zu nehmen.

Ich glaube nun doch, dass es mir gelungen ist, aus der Erinnerung an diese letzten Worte, die Rudolf Steiner an mich richtete und die so ganz überblendet waren von dem Eindruck, den das Auge hatte, das herauf zu holen, was Rudolf Steiner mir damals noch hatte sagen wollen. Es betraf das Studium, die Durchleuchtung biographischer Zusammenhänge. Erst nach Rückkehr aus dem letzten Kriege habe ich diesen Impuls aktiv aufgegriffen und glaube sagen zu können, dass ich jetzt verstehe, was Rudolf Steiner gemeint hat. Es war ein für meinen Beruf und für mein Leben wichtiger letzter Rat.« (unveröffentlicht, Archiv der Christengemeinschaft, S. 3f.)

Obwohl Thomas Kändler in diesen Erinnerungen an das Gespräch mit Rudolf Steiner nicht konkret berichtet, was er von ihm für einen Rat erhalten hat, sind seine letzten Bemerkungen doch sehr aufschlussreich, da sie zeigen, dass die Worte Rudolf Steiners in seiner Seele noch Jahrzehnte später hilfreich gewirkt haben. Es war sozusagen eine Beratung mit »Langzeitwirkung«.

Heinrich Ogilvie (1893–1988)

»Auf Andringen einiger Freunde stellte ich mich in der Zeit des Apokalypsekursus 1924 in die Reihe derer, die vor Rudolf Steiners Atelier standen, um ein persönliches Gespräch mit ihm zu haben, wozu er sich uns erboten hatte, insofern wir seine Hilfe benötigten. Noch immer schäme ich mich, dass ich die Kräfte des todkranken Lehrers in Anspruch genommen habe. Wir waren blind für seinen Zustand und abergläubisch in Bezug auf seine Möglichkeiten.

Auf meine Frage, wie ich meinen theologischen Intellektualismus überwinden könne, informierte er sich erst, wo und bei wem ich studiert hätte. Es entstand ein Gespräch über Karl Heim und seine Theologie. (Inzwischen schauten mich die Löwenaugen von Frau Dr. Wegman empört zur Tür hinaus [sic!]). Am Schlusse gab Rudolf Steiner den Rat: Beschäftigen Sie sich mit der zweiten Hälfte des Johannes-Evangeliums.« (Aus den Erinnerungen von Heinrich Ogilvie, 1951, unveröffentlicht, Archiv der Christengemeinschaft, I.1.19)

Gustav Spiegel (1900–1977)

Einer von denen, die versuchten, noch in diesen letzten Tagen mit Rudolf Steiner zu sprechen, war der Priester *Gustav Spiegel.* Warum es zu diesem Gespräch nicht mehr kam, geht aus seiner Schilderung hervor.

»Als im Priesterkreis auch die Arbeitsverteilung im künftigen Jahr besprochen wurde [wahrscheinlich bei der Synode in Marienstein], tauchte auch die Frage auf, welcher junge Mitarbeiter nach München gehen wolle ... Ich hatte, obwohl ich Bayer war, nie daran gedacht, nach München zu gehen, meldete mich jetzt aber in einem ganz plötzlichen Entschluss ... Ganz sicher war ich meiner Sache nicht, ich hätte gern Rudolf Steiner selbst gefragt. Als ich aber am Tage nach Beendigung der Vortragsreihen [23.9.] in die Nähe des Ateliers kam, in dem Rudolf Steiner zu bestimmten Stunden zu sprechen war, sah ich schon von weitem eine lange Menschenschlange vor der Türe stehen. Unzählige wollten nun nach Beendigung der Tagung noch den persönlichen Rat Rudolf Steiners. Unschlüssig wollte ich mich hinten anstellen. Durfte ich seine Zeit und Kraft mit persönlichen Angelegenheiten belasten? Da sah ich eine junge Dame aus dem Atelier kommen, die sonst recht nüchtern und robust war. Tränen liefen ihr aus den Augen. Ich fragte: ›Nanu, was ist denn mit Ihnen los?‹ Sie rief laut: ›Mit Ihren persönlichen Dingen machen Sie den Doktor noch fertig. Er ist am Ende seiner Kräfte.‹ Darauf lichtete sich die Reihe etwas.« (Gustav Spiegel, *Besonnte Wege am Abgrund,* S. 75; Archiv der Christengemeinschaft)

Man ersieht aus dieser Schilderung, dass es keinesfalls nur Priester waren, die Rudolf Steiners Kräfte beanspruchten.

Auch der Priester *Otto Franke* gehörte zu denjenigen, die keinen Gesprächstermin mehr bekamen. Er berichtet:

»Ich kann von keinem persönlichen Gespräch mit Rudolf Steiner berichten, da ich keines gehabt habe, und als ich es 1924 suchte, gehörte ich zu einigen, die an dem betreffenden Nachmittag fortgeschickt wurden, da Rudolf Steiner, von dem Zudrang bestürmt, infolge seines gesundheitlichen Zustandes das Anhören abbrechen musste.« (Otto Franke, Erinnerungen 1951, S. 1; Archiv der Christengemeinschaft, I.1.30)

Der verstorbene Seelsorger

Elfriede Beyer (1920–2000)

Elfriede Beyer wurde am 20. April 1920 geboren. Seit dem 6. Juli 1961 war sie Mitglied der Christengemeinschaft und trat später auch der Anthroposophischen Gesellschaft bei. Sie war in einer städtischen Behörde in Stuttgart als Sekretärin angestellt, wahrscheinlich im Arbeitsamt. Sie war ledig und hatte keine Familie.

In der Gemeinde der Christengemeinschaft in Stuttgart-Mitte betreute sie über viele Jahre bei Veranstaltungen den Büchertisch. Für Wilhelm Hoerner hat sie die Manuskripte seiner Bücher getippt. Sie war eine kräftige, handfeste Frau, die ihre Aufgaben akkurat und mit Humor treulich erfüllte. Sie starb am 23. September 2000 in Stuttgart und wurde am 28. September 2000 in Stuttgart durch Pfarrer Lindenmeyer bestattet.

Der folgende Text fand sich in unserem Zentralarchiv in Berlin mit der Überschrift: »Mein merkwürdigstes Erlebnis«, ohne irgendwelche weiteren Erläuterungen.

»Ich weiß nicht mehr genau, wann es war, obwohl ich schon nach allen Regeln der Kunst versuchte, es herauszubringen. Doch bin ich zu dem Schluss gekommen, dass es in meinem 27. Lebensjahr gewesen sein muss. Es war jedenfalls einige Zeit nach dem Krieg und noch vor der Währungsreform. Viel hatte ich erlebt während des Krieges – viel Schreckliches, aber auch viel Schönes, Innerliches. In der allergrößten Not fühlte ich mich doch immer wieder wie geführt von höheren Wesen, die mir Trost gaben, mich über meine schweren Stunden richtungweisend weiterführten. Trotz aller Kritik rings um mich her war ich überzeugt von der Existenz einer geistigen Welt, doch oft traurig über das, was auf der Erde geschah und auch über mich selbst. Mit dem Geistigen wurde ich oft auf eine so merkwürdige Art bekannt, dass ich – wenn überhaupt – nur im engsten Freundeskreis darüber sprechen konnte. Dort glaubte man mir aufs Wort, obwohl manches nach der materialistischen Anschauung überhaupt nicht zu verstehen war. Manche Dinge waren doch so, dass ich manchmal selbst dachte, ich müsste an meinem Verstand zweifeln und oft schwere innere Kämpfe durchmachen, bis ich endlich den Weizen von der Spreu zu unterscheiden vermochte. Mischte sich doch manchmal allerhand hinein, bis ich endlich die Gewissheit hatte über die Dinge, die echt waren und nicht nur in meiner Fantasie entstanden sind.

So kam es auch zu einem Erlebnis, das ich nun schildern möchte. Dabei muss ich gleich sagen, dass ich dieses Erlebnis kurze Zeit danach wieder völlig vergessen habe, und dass es erst dann wieder plötzlich vor mir stand, als ich am Dienstag vor Ostern des Jahres 1961 den Vortrag von Herrn Dr. Frieling über die Auferstehung gehört hatte, den Vortrag, der für mich so bedeutend war, dass ich dadurch den Weg zur Christengemeinschaft fand. Am Karfreitag dieses Jahres war plötzlich das ganze Erlebnis wieder da, welches ich gehabt und ganz vergessen hatte:

Ich ging im Bad Cannstatter Kurpark allein spazieren, war sehr verzweifelt und dachte über den Sinn des Lebens nach. Ich war an einem Punkt angelangt, wo ich merkte, so kann mein Leben nicht weitergehen, es muss etwas geschehen. Ach, wie dachte ich doch damals? ›Die Menschheit wird an der Menschheit zu Grunde gehen, wenn ihr nicht die Augen geöffnet werden, wenn sie nicht aus dem Geschehenen lernen wird!‹ Was konnte ich dazu tun? Diese Frage stellte sich mir immer wieder auch in den folgenden Jahren. Es trieb mich oft in eine solche Resignation, dass ich dachte, ich müsste bald sterben. Ich sah mich außer Stande, als unbedeutende Persönlichkeit auf dieser Erde noch irgendetwas Positives ausrichten zu können. So sah ich mich oft dem Tode nahe und bin doch immer wieder erwacht – und das Leben ging doch weiter nach der Überwindung der Krise mit neuen Impulsen.

So ging ich also damals langsam in Gedanken einen Weg entlang, sah vor mich hin und dachte über den Sinn des Lebens nach. Ach, dachte ich, könnte mir doch jemand eine Antwort geben! Und da geschah es: Plötzlich stand ein Herr vor mir. Er war ein älterer Herr. Er war schlank und trug einen dunklen Anzug. Als ich ihn verwundert anschaute, da ich nicht wusste, wo er so plötzlich herkam, sagte er zu mir: ›Ja, sehen Sie mich denn?‹ Ich lachte und sagte: ›Sie stehen doch vor mir, warum sollte ich Sie nicht sehen?‹

Eigentlich hätte ich mich doch über diese Frage wundern müssen, aber ich war seinerzeit einiges gewöhnt, was ungewöhnlich war. Wunder begegneten mir immer wieder. Der Herr fragte mich dann, ob er mich begleiten dürfe, und daraufhin hat sich ein wunderbares Gespräch zwischen uns entwickelt. Ob ich es wiedergeben kann?

Nein, ich weiß nur noch wenig von dem Gespräch. Aber ich weiß noch, dass ich Antworten erhielt auf das, worüber ich eben nachgedacht und um das ich gerungen hatte. Der Herr sprach von hohen geistigen Dingen zu mir, und ich erlebte so etwas wie eine große Erleuchtung. Und im Grund war es sogar so: Das war es doch genau, was ich gesucht hatte, und dieses, was er sagte, war doch eigentlich so, wie ich es immer wieder selbst gedacht hatte. Immer mehr wurde mir selbstverständlich klar, wie konnte ich nur immer wieder so zweifeln? Ich weiß noch, dass mich der Herr einmal fragte, ob ich denn das verstehen würde, was er da sagte, und er war sehr erstaunt darüber, dass ich dies alles verstand.

Er sprach von der *Geisteswissenschaft*, über die er zu mir spreche. Später suchte ich sie vergeblich im Lexikon, wo ich immer nur die Geisteswissenschaften fand. Ich dachte später, er meinte wohl die Zusammenfassung aller Geisteswissenschaften. In dem Zusammenhang, dass ich das verstand, was er mir sagte, fragte er mich, ob ich schon einmal etwas von … gelesen hätte. Er nannte einen Namen, der mir entfallen ist. Gehört hatte ich den Namen noch nicht und musste verneinen. Da war er wieder erstaunt, dass ich ihn verstehen konnte, ohne etwas von dem Genannten gelesen zu haben, den er offensichtlich zitierte. Ich fragte nun den Herrn, ob das ein Philosoph gewesen sei, und war davon überzeugt, dass er von einem Verstorbenen sprach. Darauf sagte er: ›Ja, aber nicht nur das.‹ Ich fragte, ob dieser Herr viele Bücher geschrieben habe, und bekam zur Antwort: ›Ja, das auch.‹ Dann nach einer kurzen Pause: ›Das bin ich selbst!‹

Ich bin erschrocken, denn ich dachte doch, der Herr sprach von einem Toten. Nun hätte ich erfragen müssen, welche Bücher er geschrieben hat, aber das tat ich nicht, ich habe nicht gefragt. Die wichtigste Frage habe ich nicht gestellt, und vor Schreck konnte ich nicht mal den Namen des Herrn behalten. Ich war so bestürzt, weil er von sich sprach und nicht von einem Toten. Was er sagte, war alles so weise.

Ich war in einer ganz merkwürdigen Verfassung und bekam plötzlich einen solchen Durst, dass ich glaubte, es nicht mehr aushalten zu können, ohne etwas zu trinken. Wir mussten wohl inzwischen schon fast an der König-Karl-Straße angekommen sein. Ich weiß nicht mehr, wie es war. Jedenfalls bat ich den Herrn, mit mir in ein Lokal zu gehen, um etwas zu trinken. Die Antwort habe ich noch ganz genau im Ohr: ›Ich gehe mit Ihnen, wohin Sie wollen, doch ich kann nichts zu mir nehmen.‹ Wir gingen zum Bayerischen Hof. Dort habe ich schon gegessen. Das Lokal war ganz leer und wir setzten uns an einen Tisch. Der Kellner kam zu mir her und fragte mich, was ich haben wollte. Zu meinem Erstaunen fragte er meinen Begleiter überhaupt nicht. Ich war aber froh darüber, denn ich genierte mich doch ein wenig, dass er gar nichts bestellen wollte, und dachte zuerst, er habe vielleicht kein Geld. Der Kellner brachte mir den bestellten Saft und fragte meinen Begleiter wieder nicht, was er haben möchte. Dieser hörte auch jedes Mal mit dem Sprechen auf, wenn der Kellner in unsere Nähe kam. Merkwürdig war das schon.

Ich betrachtete ihn jetzt näher und stellte fest, dass er keine Krawatte trug, wie es üblich war, sondern eine herunterhängende breite schwarze Schleife. Ich dachte noch: ›Warum bindet der Herr denn seine Krawatte zu einer Schleife?‹ Schließlich fragte ich ihn auch, warum er denn nichts zu sich nehmen wolle. Da gab er mir zur Antwort: ›Ich habe keinen Magen mehr.‹ Ich sagte: ›Keinen Magen, ja wurde Ihnen denn dieser herausoperiert?‹ Er darauf: ›Nein, das ist bei mir anders gewesen.‹ Mehr wollte er aber darüber nicht sprechen. Er lenkte ab, als er meine Zweifel bemerkte, ob man denn ohne Magen überhaupt leben könne.

Er war auch plötzlich vom Tisch weg, obwohl ich nicht bemerkte, dass er aufgestanden ist. Da zog ich ein Geldstück aus der Tasche und legte es dorthin, wo er eben gesessen ist. Der Kellner kam, fragte mich, ob ich zahlen wolle, nahm das Geldstück von seinem Platz, zog den Preis des Saftes ab, den ich getrunken hatte, und gab den Rest an mich zurück. Obwohl mein Begleiter inzwischen zurückkam und das Geldstück an dem Platz lag, an dem er saß, gab der Kellner mir den Rest zurück.

Ehe wir uns trennten, bat mich der Herr um ein Wiedersehen. Er fragte mich, ob ich gern mal mit ihm ins Theater gehen würde. Zu jener Zeit waren jedoch die Theater zerstört und es wurde nur auf Notbühnen Theater gespielt. Damals wurde *Der Hauptmann von Köpenick* im Saal der Handelsschule in der Rotebühlstraße gespielt mit Erich Ponto in der Hauptrolle. Durch dieses Theaterstück ist mir auch später wieder das ganze Erlebnis eingefallen, denn das Stück mit Erich Ponto war sehr eindrucksvoll.

Nun sagte der Herr zu mir: ›Ich muss Sie nur bitten, Ihre Karte selbst zu besorgen, wollen Sie das tun?‹ Ich bejahte und wir verabredeten uns an einem bestimmten Abend vor dem Theater. Ich besorgte mir rechtzeitig eine gute Karte. Man musste die Karte sehr früh kaufen, die Vorstellungen waren immer sehr bald ausverkauft. Zur verabredeten Zeit war der Herr da und fragte mich, ob wir hineingehen könnten. Ich sagte, dass ich eine Karte habe und so gingen wir hinein. Wir mussten an einem Kontrolleur vorbei, dem ich meine Karte vorzeigte. Der Kontrolleur riss sie ab, ließ mich hinein mit meinem Begleiter. Der Kontrolleur wollte keine Karte von ihm haben. Es war, als ob er ihn überhaupt nicht sehen würde. Hätte er ihn gekannt und ihm ohne Karte Einlass gewährt, hätte er ihn doch begrüßen müssen. Ich war sehr erstaunt, dass der

Kontrolleur den Herrn nicht begrüßte, aber auch keine Karte von ihm haben wollte.

Wir schauten uns das Stück an, das, wie gesagt, sehr eindrucksvoll war. Was mir auffiel, war das, dass mein Begleiter während der Aufführung kein Wort mit mir sprach und auch keinerlei Tuchfühlung suchte. Dass ich mir gar keine Gedanken darüber machte, wie es kam, dass er neben mir saß? Er konnte doch nicht wissen, welche Karte ich mir besorgt hatte. Doch hielt mich das Stück so in Bann, dass ich nicht zum Nachdenken kam.

Es kann dann einmal eine Pause. Wir standen auf und gingen wie die anderen hinaus. Doch sagte mein Begleiter erst etwas zu mir, als niemand mehr in der Nähe war. Er erzählte mir dann auch, er gehe ›viel‹, oder sagte er gar ›jeden Abend‹ ins Theater. Ich war sehr erstaunt und fragte ihn, ob er denn immer Karten bekommen könne, die waren doch damals so schnell ausverkauft. Im Moment dachte ich wohl nicht mehr daran, dass er doch ohne Karte hereingekommen war. Er sagte zu mir: ›Für mich ist immer noch ein Platz frei!‹ Mich überlief es wieder so komisch und ich dachte: ›Er spricht gerade so, als ob er sich unsichtbar machen könne.‹

Dann sagte er zu mir, es würden hier oft Vorträge gehalten werden, welche er zu leiten habe. Ich weiß nicht mehr genau, wie er sich ausdrückte, hatte jedoch den Eindruck, dass sich viele Menschen versammelten, zu denen gesprochen wurde, und er habe sozusagen die wissenschaftliche Leitung dieser Vorträge. Ich überlegte noch, ob er mit ›hier‹ die Schule oder Stuttgart meinte, darüber fragte ich ihn aber wieder nicht.

Als wir nach der Vorstellung zusammen gingen, fing er auch erst dann an, mit mir zu sprechen, als niemand mehr in der Nähe war. Wir waren schon bis zur nächsten Straßenkreuzung gekommen, da sagte er zu mir: ›Ich würde Sie gern wieder treffen, doch dürfen wir uns nicht wieder sehen. Ich kann Ihnen das jedoch jetzt nicht erklären. Leben Sie wohl!‹

Ich war traurig über den plötzlichen Abschied, den ich mir nicht erklären konnte.

Beim Weitergehen merkte ich, dass der Herr schon nicht mehr mit mir ging. Ich drehte mich um, da war niemand mehr zu sehen. Er war wie vom Erdboden verschluckt. Ich schaute, ob er wohl rasch in ein Haus oder einen Hof hineingegangen ist, doch nirgends war er mehr zu sehen. Ach, dachte ich, nun hat er mir nicht einmal die Hand zum Abschied gegeben. Aber hatte er mir denn überhaupt einmal eine Hand gegeben? Hatte er mich denn überhaupt körperlich berührt?

Das ist meine Geschichte. So kam sie mir wieder ins Gedächtnis. Ich habe aufgeschrieben, was ich noch wusste, wie es mir wieder einfiel. Wohl hatte ich alles vergessen, aber nach und nach kam mir wieder alles ins Gedächtnis. Manches weiß ich nicht mehr, zum Beispiel, wie ich damals nachhause gekommen bin. Ich war doch über den plötzlichen Abschied wirklich schockiert, und ich wollte wohl auch die Angelegenheit vergessen. Vielleicht hätte mich bei näherer Betrachtung das Erlebnis damals wiederum so verwirrt, dass es mich wieder an meinem Verstand hätte zweifeln lassen. Deshalb musste ich es wohl rasch vergessen. Nur an die Theateraufführung selbst dachte ich immer wieder gern zurück.

Erich Ponto stand bis ins hohe Alter noch auf der Bühne. Kurz vor seinem Tod habe ich ihn noch gesehen. Er spielte im Schauspielhaus Nathan den Weisen. Es war zuletzt seine Lieblingsrolle, und ich saß in der Mitte der ersten Reihe. Immer wieder schaute ich ihm direkt ins Gesicht, ja in die

Augen. Es war eine sehr feierliche Aufführung. In der Rolle übertraf sich Erich Ponto fast selbst. Zwei Wochen darauf ist er gestorben.

Dem Herrn im dunklen Anzug mit der herumgebundenen herunterhängenden schwarzen Schleife bin ich tatsächlich nicht mehr begegnet. Oder doch? Glaubte ich nicht, ihn auf einem Bild wiedererkennen zu müssen? Aber diesem Herrn auf dem Bild könnte ich auch ein anderes Mal begegnet sein. Ich erinnere mich noch, wie ich in der Landhausstraße, als ich vom Kindergarten kam, von einem schlanken Herrn in einen dunklen Anzug angesprochen wurde. Der Herr kam aus dem gegenüberliegenden Haus und ist ein Stück mit mir gegangen und hat sich mit mir unterhalten. Ich ging in den katholischen Kindergarten Sankt Nikolaus. Obwohl ich evangelisch war, wurde ich in den katholischen Kindergarten geschickt, weil er besser geführt gewesen sein soll. Gegenüber lag das Haus Landhausstraße 70, aus welchem der Herr herauskam. Ja, dieser Herr könnte natürlich auch dem Herrn auf dem Bild ähnlich gesehen haben. Oder konnte durch dieses Erlebnis erst das zweite Erlebnis entstehen?«

Frau Beyer hat Rudolf Steiner in einer Zeit großer innerer und äußerer Not auf eine Weise erlebt, die es ihr ermöglichte, Geistiges für wirklich zu halten, und die sie vorbereitete, 14 Jahre später durch einen Vortrag von Dr. Frieling das Ereignis der geistigen Begegnung mit Rudolf Steiner wieder zu erinnern und ihre geistige Heimat in der Christengemeinschaft und in der Anthroposophie zu finden. Ihre Geschichte legt den Gedanken nahe, dass Rudolf Steiner auch nach seinem Tode Menschen geholfen hat, ihr Schicksal zu meistern.

Schluss

Bei vielen der genannten Beispiele der beratenden Tätigkeit Rudolf Steiners muss man sagen, dass seine Einsichten, Urteile und helfenden Ratschläge nur möglich waren, weil er mit seinem Bewusstsein nicht nur die sinnliche Erscheinung eines Menschen, sein Antlitz, seine Mimik, seine Gesten und seinen Gang sowie seine bewussten Fragen umfassen, sondern auch seine tieferen seelischen Regungen, seinen Charakter und sein Temperament, seine verborgenen Antriebe und letztlich sogar sein vergangenes Schicksal wahrnehmen konnte.

In seinem Verhalten als Seelsorger und Berater jedoch lag vieles, das jedem, der auf diesem Felde tätig ist, zum Vorbild dienen kann. Dazu gehört zum Beispiel, was Frau Emmy von Gumppenberg in ihren Erinnerungen aus dem Jahre 1930 aufgeschrieben hat.

»Dr. Steiner schonte sich selbst niemals, wenn auch nur eine Möglichkeit bestand, jemandem zu helfen. Und immer war er voll und ganz bei der Sache, wenn man ihn um etwas fragte. Nie entstand beim Fragenden das Gefühl, er müsse sich beeilen, sondern er konnte durchaus die Empfindung haben: Jetzt <u>will</u> Dr. Steiner für ihn und <u>seine</u> Schwierigkeiten da sein. Dr. Steiner schaute sich den Fragenden und die Schwierigkeiten seiner Seele an und gab dann dem Betreffenden so viel, als eben <u>diese</u> Seele fassen konnte. Er pflegte diesbezüglich zu sagen: ›Wenn ich nicht das Ganze geben kann, so gebe ich die Hälfte, und wenn auch die Hälfte nicht gefasst werden kann, dann ein Viertel, ein Zehntel, ein Hundertstel, – so viel eben jeder zu fassen vermag.‹« (Archiv am Goetheanum)

Rudolf Steiner war von umfassender Achtsamkeit für alle sinnlichen und seelischen Erscheinungen des Menschen, mit denen er zu tun hatte. Er konnte buchstäblich »ganz Ohr« sein und verstand aufgrund seiner Empathiefähigkeit seinen Besucher oft besser als dieser sich selbst. Er gab seinen Besuchern das Gefühl, mit viel Zeit ganz für sie da zu sein. Auch scheute er sich nicht, aus einem geistigen Erkenntnisurteil heraus praktische Ratschläge zu geben. Er tröstete, ermutigte und heilte, wo er nur konnte. Und er hatte immer wieder den Mut, freilassend durch seine Antworten und seinen Rat in das Schicksal der Menschen einzuwirken, die ihm Vertrauen entgegengebrachten.

Alles das, was Rudolf Steiner in höchstem Maße ausgebildet hatte, kann jeder in der Seelsorge oder in der Beratung Tätige auch üben.

Für Priester, die als Seelsorger tätig sein sollen, hat Rudolf Steiner zwar nicht verlangt, dass sie Hellseher oder gar Eingeweihte sein müssten. Aber er hat immer wieder empfohlen, das zu üben, was man in seinem Schulungsbuch *Wie erlangt man Erkenntnisse der höheren Welten?* finden kann. (GA 344, S. 185)

Darüber hinaus hat er das, was früher in der katholischen Kirche die Beichte war, so verwandelt, dass es auch für den modernen, freiheitsliebenden und ichbewussten Christen als »Sakrament der Sinneswandlung« gemeinsam mit dem Abendmahl eine wirksame Hilfe auf allen Stufen des Lebensweges werden und ihn in die tragende Gemeinschaft der Christen führen kann.

Namensregister

Verwendete und weiterführende Literatur

Bauer, Michael, *Menschentum und Freiheit.* Herausgegeben von Kurt von Wistinghausen. Verlag Urachhaus, Stuttgart 1971.

Beltle, Erika u. Vierl, Kurt, *Erinnerungen an Rudolf Steiner. Gesammelte Beiträge aus den ›Mitteilungen aus der Anthroposophischen Arbeit in Deutschland‹ 1947–1978.* Verlag Freies Geistesleben, Stuttgart 2001. (Erstveröffentlichung: 1979)

Bock, Emil, *Die drei Jahre. In: Beiträge zur Geistesgeschichte der Menschheit, Bd. 6.* Verlag Urachhaus, Stuttgart 2009. (Erstveröffentlichung: 1948)

Fiechter, Hans Paul, *Das Rätsel Kafka. Erkundungen im »Schacht von Babel«.* Verlag Urachhaus, Stuttgart 1999.

Geyer, Christian, *Theosophie und Religion.* Nürnberg 1919.

Hahn, Herbert, *Rudolf Steiner, wie ich ihn sah und erlebte.* Verlag Freies Geistesleben, Stuttgart 1961.

ders., *Vom Genius Europas. Wesensbilder von 12 europäischen Völkern, Ländern, Sprachen. Skizze einer anthroposophischen Völkerpsychologie.* Freies Geistesleben, Stuttgart 1992. (Erstveröffentlichung: 1963)

Hauschka, Rudolf, *Wetterleuchten einer Zeitenwende.* Salumed Verlag, Berlin [3]2012. (Erstveröffentlichung: Vittorio Klostermann, Frankfurt 1966)

Heidenreich, Alfred, *Growing Point. Story of the Foundation of the Christian Community.* London 1965. (Deutsch: *Aufbruch. Die Gründungsgeschichte der Christengemeinschaft.* Verlag Urachhaus, Stuttgart, 2000)

Kafka Franz, *Tagebücher 1910–1923.* S. Fischer, Frankfurt 1976.

Keyserlingk, Adalbert, *Koberwitz 1924. Geburtsstunde einer neuen Landwirtschaft.* Verlag Hilfswerk Elisabeth, Stuttgart 1974.

Kleeberg, Ludwig, *Wege und Worte.* Erinnerungen an Rudolf Steiner aus

Tagebüchern und Briefen. J. Ch. Mellinger Verlag, Stuttgart [3]1993. (Erstveröffentlichung: Basel 1928)

Klein, Gerhard, »Pfarrer Paul Klein und Rudolf Steiner«, in: Beltle (Hrsg.), *Erinnerungen an Rudolf Steiner.* Stuttgart 2001.

Meffert, Ekkehard, *Mathilde Scholl und die Geburt der Anthroposophischen Gesellschaft 1912/13.* Philosophisch-anthroposophischer Verlag am Goetheanum, Dornach 1991.

Meyer, Rudolf, *Die Wiedergewinnung des Johannes-Evangeliums.* Verlag Urachhaus, Stuttgart [2]1995.

Morgenstern, Margareta, *Michael Bauer. Ein Bürger beider Welten.* Verlag Freies Geistesleben. Stuttgart 1965. (Erstveröffentlichung: 1950)

Müller, Heinz, *Spuren auf dem Weg. Erinnerungen.* Mellinger Verlag, Stuttgart [4]1983.

Polzer-Hoditz, Ludwig, *Erinnerungen an Rudolf Steiner.* Perseus Verlag, Basel 2013.

Rau, Christoph (Hrsg.), *Michael Bauer. Gesammelte Werke.* Fünf Bände. Verlag Urachhaus, Stuttgart 1985–97.

ders., *Michael Bauer. Sein Leben und seine Begegnung mit Friedrich Rittelmeyer.* Philosophisch-anthroposophischer Verlag am Goetheanum, Dornach 1995.

Rittelmeyer, Friedrich / Geyer, Christian, *Warum bleiben wir in der Kirche? Eine Aussprache über Kirche, Bekenntnis, Liturgie.* Ulm 1913.

Rittelmeyer, Friedrich (Hrsg.), *Vom Lebenswerk Rudolf Steiners. Eine Hoffnung neuer Kultur.* Christian Kaiser Verlag, München 1921.

Rittelmeyer, Friedrich, *Meine Lebensbegegnung mit Rudolf Steiner.* Stuttgart [13]2015. (Erstveröffentlichung: 1928)

ders., *Das Heilige Jahr. Vom inneren Erleben der Jahreszeiten.* Stuttgart 1930.

Schmiedel, Oskar, »Erinnerungen von 1943«, enthalten in: J. E. Zeylmans van Emmichoven, *Wer war Ita Wegman. Eine Dokumentation.* 3. Band. Verlag am Goetheanum, Dornach [3]2004.

Selg, Peter, *Michael Bauer. Ein esoterischer Schüler Rudolf Steiners.* Verlag am Goetheanum. Dornach 2006.

ders., *Christian Morgenstern. Sein Weg mit Rudolf Steiner.* Verlag Freies Geistesleben, Stuttgart [2]2013.

Spiegel, Gustav, *Besonnte Wege am Abgrund.* Privatdruck, Nürnberg, 1973.

Steiner, Marie, »Was in der Anthroposophischen Gesellschaft vorgeht«, in: Nachrichtenblatt 2. Jahrgang, 23. August, Nr. 34/1925.

Steiner, Rudolf, *Wie erlangt man Erkenntnisse der höheren Welten?* (GA 10) Rudolf Steiner Verlag, Dornach [24]1993.

ders., Briefe Band 2: 1890–1925. (GA 39) Dornach [2]1987.

ders., *Wo und wie findet man den Geist?* (GA 57) Dornach [2]1984. (Darin: »Das Geheimnis der menschlichen Temperamente«, auch als Einzelvortrag erhältlich, Basel 2012.)

ders., *Die Konstitution der Allgemeinen Anthroposophischen Gesellschaft.* (GA 260a) Dornach [2]1987.

ders. / Marie Steiner-von Sivers, *Briefwechsel und Dokumente 1901–1925.* (GA 262) Dornach [2]2002.

ders. / Edith Maryon, *Briefwechsel 1912–1924.* (GA 263/1) Dornach 1990.

ders., *Seelenübungen,* Bd. 1. (GA 267) Dornach [2]2001.

ders., *Seelenübungen,* Bd. 2. (GA 268) Dornach [3]2015.

ders., *Farbenerkenntnis.* (GA 291a) Dornach 1990.

ders., *Vorträge und Kurse über christlich-religiöses Wirken II.* (GA 343) Dornach 1993.

ders., *Vorträge und Kurse über christlich-religiöses Wirken III.* (GA 344) Dornach 1994.

Strakosch, Alexander, *Lebenswege mit Rudolf Steiner.* Verlag am Goetheanum, Dornach 1994.

Vögele, Wolfgang, *Der andere Rudolf Steiner. Augenzeugenberichte, Interviews, Karikaturen.* Verlag Pforte, Dornach [2]2005.

Wiesberger, Hella (Hrsg.), *Marie Steiner. Ein Leben für die Anthroposophie.* Rudolf Steiner Verlag, Dornach [2]1989.

Wachsmuth, Günther, *Rudolf Steiners Erdenleben und Wirken.* Philosophisch-Anthroposophischer Verlag am Goetheanum, Dornach 1964.

Zeylmans van Emmichoven, Emmanuel, *Die Erkraftung des Herzens. Eine Mysterienschulung der Gegenwart – Rudolf Steiners Zusammenarbeit mit Ita Wegman.* Verlag des Ita-Wegman-Instituts, Arlesheim 2009.

Der Autor

Wolfgang Gädeke, geboren 1943 in Bremen, besuchte das Priesterseminar in Stuttgart und studierte evangelische und katholische Theologie, Geschichte und Psychologie in Marburg und Tübingen. Er war als Pfarrer in Ulm, Hamburg und Kiel sowie 19 Jahre lang als Lenker in der Christengemeinschaft in Norddeutschland aktiv. Er ist seit 30 Jahren in der Eheberatung tätig und leitet das Zentralarchiv der Christengemeinschaft in Berlin. Im Verlag Urachhaus erschienen bereits: *Ehe. Sehnsucht – Idee – Wirklichkeit* ([2]2006), *Das Verbot der Christengemeinschaft und Prof. Jakob Wilhelm Hauer* (2012) und *Stigmatisation und Erkenntnis. Anmerkungen zu Evangeliendarstellungen und Schicksal Judith von Halles* (2015). Wolfgang Gädeke lebt in Kiel.